westermann

Leitfaden zur Erstellung einer

Facharbeit/Seminararbeit

Christian Raps
Sigrid Raps

Mit Beiträgen von
Florian Hartleb

Leitfaden zur Erstellung einer

Facharbeit/Seminararbeit

Christian Raps
Sigrid Raps

mit Beiträgen von Dr. Florian Hartleb und Dr. Gerd Schnorrenberger

westermann GRUPPE

Druck A^5 / Jahr 2022
Alle Drucke der Serie A sind im Unterricht parallel verwendbar.

Umschlaggestaltung: Druckreif! Sandra Grünberg, Braunschweig; Foto: stock.adobe.com: Alliance
Druck und Bindung: Westermann Druck GmbH, Georg-Westermann-Allee 66, 38104 Braunschweig

ISBN 978-3-14-**118044**-2

Inhaltsverzeichnis

Vorwort

Liebe Schülerinnen und Schüler!

Die von Ihnen individuell zu erstellende schriftliche Fach- oder Seminararbeit nimmt im Gymnasium einen zentralen Stellenwert ein. Mit dem vorliegenden Band möchten wir Ihnen daher einen präzisen Leitfaden zur Erstellung der Fach- bzw. Seminararbeit an die Hand geben, der Ihnen einen sicheren Weg durch die Oberstufe weist.

Dieser Leitfaden beantwortet Ihre Fragen zur wissenschaftlichen Arbeitsweise – unabhängig davon, in welchem *Fach* Sie Ihre Arbeit schreiben, und unabhängig vom übergeordneten *Rahmenthema,* aus dem Ihr Kursleiter/Ihre Kursleiterin die Themen für die Fach- bzw. Seminararbeiten Ihres Kurses ableitet:

- Strategien zur *Themenfindung* und *-formulierung* (S. 8) sowie Tipps zur *Eigenorganisation* (S. 9) helfen Ihnen bei der Vorbereitung der schriftlichen Arbeit.

- Vielfältige methodische Anleitungen, z. B. zur *Literaturrecherche* (S. 10 f.), zu einer *Betriebserkundung* (S. 17 ff.) oder zu einer *Expertenbefragung* (S. 20 f.), unterstützen Sie bei Ihrer eigenverantwortlichen Stoffsammlung.

- Eine breite Palette von Arbeitstechniken – neben *Auswertungstechniken* zu *Filmen* (S. 29), *Statistiken* (S. 30 f.) und *Fotografien* (S. 32 f.) vor allem das *Exzerpieren* und *Transkribieren* (S. 34 f.) von Texten sowie das *Protokollieren* (S. 38 f.) – ermöglicht Ihnen ein selbstständiges wissenschaftliches Arbeiten und soll Freude am forschenden Lernen wecken.

- Unsere detaillierten Anregungen zur Äußeren Form und Gestaltung der Fach-/Seminararbeit liefern Ihnen verlässliche Anhaltspunkte u. a. zum *Aufbau* (S. 42 ff.), zur *Bibliografie* (S. 45 ff.) und zur *Zitierweise* (S. 48 f.).

- Am Ende Ihrer Fach- oder Seminararbeit halten Sie einen mündlichen Vortrag, bei dem Sie Ihre schriftlich ausgearbeiteten Ergebnisse „rüberbringen“ sollen. Im Hinblick auf die Präsentation Ihrer Fach-/Seminararbeit zeigt Ihnen der Leitfaden verschiedene Wege

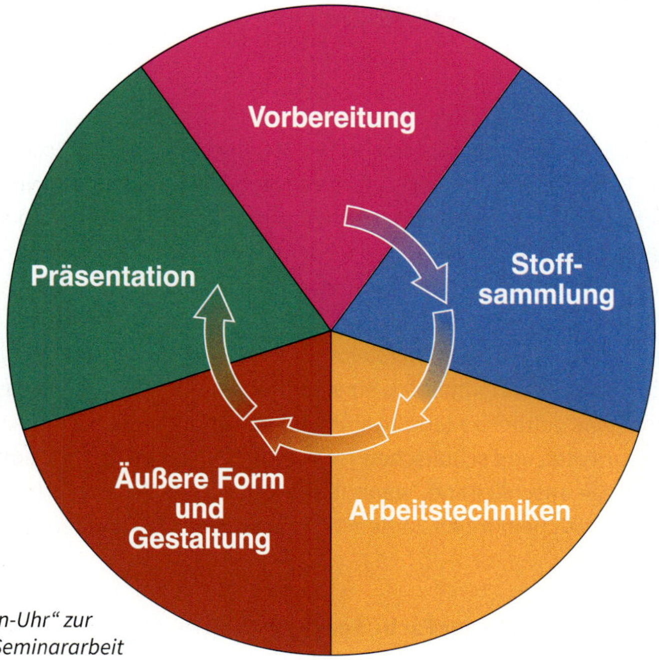

„Phasen-Uhr" zur Fach-/Seminararbeit

sowohl zur *Vortragstechnik* (S. 60 f.) als auch zur *Visualisierung* (S. 62 f.). Ein besonderes Augenmerk haben wir auf die Darstellungsform der allseits beliebten *PowerPoint-Präsentationen* gelegt (S. 62 f.).

Um sicher zum Ziel zu gelangen, müssen Sie den Leitfaden nicht Seite für Seite durchlesen. Durch die Wahl Ihres Faches und Ihres Themas bestimmen Sie vielmehr selbst, welche Methoden der Stoffsammlung für Sie in Frage kommen bzw. welche Arbeitstechniken für Ihren wissenschaftlichen Erkenntnisgewinn am besten geeignet sind.

Der Leitfaden enthält thematisch abgeschlossene Themenblöcke. Einzelne Module können so in beliebiger Reihenfolge genutzt und jederzeit frei kombiniert werden. Gleichwohl ist es sinnvoll, die Arbeitsphasen Ihrer Seminararbeit in der chronologischen Abfolge zu durchlaufen, die Ihnen das Inhaltsverzeichnis (S. 3) anbietet. Aus diesem Grund sind die Buchseiten mit den Farben der hier dargestellten *Phasen-Uhr* versehen. So wird Ihnen stets angezeigt, in welcher Phase – der Vorbereitung, der Stoffsammlung, der Arbeitstechniken, der Äußeren Form und Gestaltung oder der Präsentation – Sie sich befinden.

Wir wünschen Ihnen bei der Erstellung Ihrer Fach- bzw. Seminararbeit viel Freude und viel Erfolg!

Das Autorenteam

1. Vorbereitung der Fach-/Seminararbeit

1.1 Allgemeines

Der vorgegebene Umfang einer Fach-/Seminararbeit umfasst 10 bis 15 reine Textseiten. Anschauungsmaterialien wie z. B. Fotos, Grafiken, Tabellen oder Versuchsanordnungen sind hier nicht mit eingerechnet. Die Arbeit muss in einem klar definierten Zeitrahmen angefertigt, schriftlich eingereicht und oftmals in einer → (Abschluss-)**Präsentation** vorgestellt worden sein. Ziel der schriftlichen Arbeit ist es, Sie auf das wissenschaftliche Arbeiten an einer Universität oder Fachhochschule vorzubereiten.

Obwohl Sie durch individuelle Beratungsgespräche vom Kursleiter unterstützt werden, liegt es doch allein in Ihrer Verantwortung, die Arbeit formal und inhaltlich einwandfrei anzufertigen und fristgerecht einzureichen. Daher ist zuerst einmal eine zeitliche Planung sinnvoll: Verschaffen Sie sich in einer Art „Zeitleiste" einen Überblick über Ihre privaten und schulischen Termine in dem für die Fach-/Seminararbeit angesetzten Zeitraum. Überlegen Sie anschließend, wann Ihnen Zeit für die Seminararbeit bleibt und welche konkreten Arbeitsschritte in welchem freien Zeitfenster platziert werden können. Dazu sollten Sie sich folgende Fragen stellen:

- Wie lange benötige ich für die → **Stoffsammlung zur Fach-/Seminararbeit**?
- Wie lange benötige ich für die einzelnen → **Arbeitstechniken zur Fach-/Seminararbeit**, insbesondere für die Auswertung des gesammelten Materials oder der durchgeführten Versuche?
- Welchen Zeitrahmen muss ich für die → **Äußere Form und Gestaltung der Fach-/Seminararbeit** veranschlagen, d. h. konkret …

… wann soll ein Rohentwurf einschließlich Gliederung vorliegen?
… ab wann muss die Arbeit ausformuliert und fertiggestellt werden?
… wie viel Zeit benötige ich für das Tippen und eine ansprechende Formatierung der Arbeit?
… bleibt genügend Zeit für das Korrekturlesen und Verbessern von Fehlern und Layout? *(Kalkulieren Sie hierzu mindestens ein bis zwei Wochen ein; Layoutmängel und Verstöße gegen die sprachliche Richtigkeit sind in einer Fach- oder Seminararbeit, deren Bearbeitungszeitraum ein halbes Jahr beträgt, nicht akzeptabel und werden bei der Bewertung entsprechend sanktioniert!)*

Wichtig: Vergessen Sie nicht, Pufferzeiträume für unvorhergesehenen Zeitverlust einzuplanen.

Im Rahmen des Kurses bzw. Faches, in dem Sie die Arbeit schreiben, sollte, so irgend möglich, eine Exkursion in eine Universität oder eine fachwissenschaftlich gut ausgestattete Bibliothek erfolgen. Unter Anleitung des dortigen Fachpersonals sollten Bibliotheksrecherchearbeiten durchgeführt und eingeübt werden. Einen Überblick zu den Standorten der deutschen Universitäten und Fachhochschulen liefert die Karte auf S. 7.

Vermeiden Sie beim Schreiben der Arbeit unbedingt Floskeln oder Doppelungen wie z. B.:

- „Zusammenfassend lässt sich sagen …"
- „Abschließend lässt sich sagen …"
- „Es ergibt sich, dass …"
- „Ding der Unmöglichkeit"
- „insofern, als dass …"
- „aufoktroyieren"
- „auseinander dividieren"
- „hinterfragen"
- „bereits schon"
- „irgendwie"
- „kontrovers diskutieren"
- „vorprogrammieren"
- „wegen dem" (!)
- „Zielstellung"
- „letztendlich"
- „Eigeninitiative"

Hochschulen in Deutschland

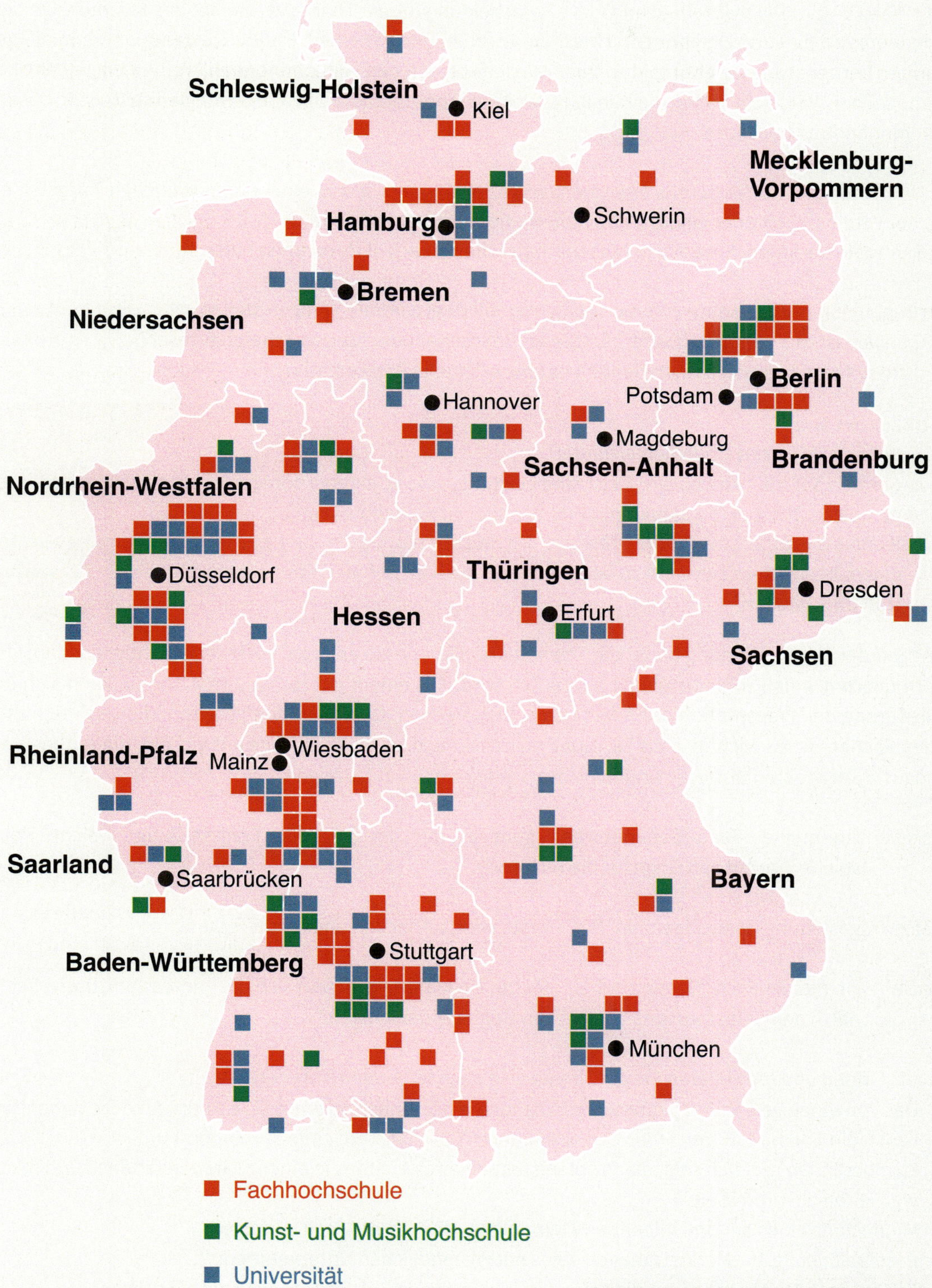

L & P / 3840

Quelle: Bundesministerium für Bildung und Forschung 2009

1.2 Strategien zur Themenfindung und Themenformulierung

Viele Bearbeiter einer wissenschaftlichen Arbeit haben bei der *Themenfindung* die sprichwörtliche Qual der Wahl. Es gilt: Die frühzeitige und klare Entscheidung für ein Thema vermeidet das zeitintensive und enervierende Hin- und Herspringen zwischen verschiedenen Themen. Halten Sie dabei während der gesamten Vorbereitungszeit Kontakt zu Ihrer Kursleitung, um evtl. aufkommenden Problemen gemeinsam zu begegnen. Vielleicht haben die Kursleiter weitere Tipps für Sie. Folgende Strategien sollten Sie bei der Themenfindung beachten:

1. Überlegen Sie, ob Sie bereits erworbenes Spezialwissen (z. B. aus einer ehrenamtlichen Tätigkeit, einer Vereinsarbeit oder einem Hobby) thematisch umsetzen können!
2. Sammeln Sie Ideen. Ein Blick in wissenschaftliche → (Fach-)**Literatur** ist hilfreich.

Zu Beginn Ihrer Arbeit sollten Sie sich auf jeden Fall zwei zentralen Fragen stellen:
- Für wen ist das Thema relevant – für Sie als Bearbeiter oder für den geneigten Leser?
- Ist das Thema aktuell bzw. behandelt es eine originelle Problematik?

Beachten Sie:
1. *Rennen Sie keinen Modethemen hinterher!*
2. *Grenzen Sie „Ihr“ Thema ein!* Es ist eine Leistung, eine konkrete Problemstellung aufzuwerfen und gerade auch Aspekte auszuklammern. Weniger ist manchmal mehr.
3. *Wählen Sie daher „machbare“ Themen!* Sie müssen nämlich in der Lage sein, Ihr Thema sowohl in einem begrenzten Zeitraum zu bearbeiten als auch im Rahmen Ihrer abschließenden → **Präsentation** darzustellen.

Eng mit der Themenfindung hängt die *Themenformulierung* zusammen. Es ist sehr wichtig, dass aus der Formulierung eine Problemstellung ersichtlich wird. Aus einem gut formulierten Thema kann sich die Gliederung der Präsentation dann fast von selbst ergeben. Gerade in den gesellschaftswissenschaftlichen Fächern ist es wichtig, dass Sie eine Fragestellung bzw. eine Leitfrage entwickeln, die es Ihnen ermöglicht, zu problematisieren und kontroverse Meinungen aufzuzeigen.

Beispiel: „In meiner Fach-/Seminararbeit geht es mir um folgende Fragestellung: Welche Rolle spielte Vincent van Gogh für die Kunstwelt?“

Diese Fragestellung ist zu allgemein. Das Thema wirkt altbacken und uninteressant.

Besser: „In meiner Fach-/Seminararbeit möchte ich klären, inwiefern sich die impressionistische Technik in den Selbstporträts Vincent van Goghs widerspiegelt.“

Fazit: Finden und formulieren Sie ein Thema also nach folgenden Kriterien:
1. Das von Ihnen gewählte Thema soll gerade für Sie persönlich relevant sein. Vermeiden Sie daher tunlichst, ein Thema z. B. von Freunden oder älteren Geschwistern einfach zu übernehmen.
2. Es muss Ihnen möglich sein, die Problemstellung Ihres Themas in einem Satz verständlich und nachvollziehbar zu umreißen.
3. Mindestens eines der drei folgenden Ziele sollten Sie in Ihrer Arbeit verfolgen:
- *Beschreibung* (z. B. „Marktstrategien eines mittelständischen Unternehmens“);
- *Erklärung* (z. B. „Ursachen für die Krise der Volksparteien“; „Ursachen für Kopfschmerzen“);
- *Prognose* (z. B. „Die Zukunft des Alpentourismus“; „Szenario: Die Zukunft der Arbeitswelt“).

1.3 Eigenorganisation

Neben dem richtigen Zeitmanagement kommt der arbeitstechnischen Eigenorganisation eine hohe Bedeutung zu. Die Fach- oder Seminararbeit ist die umfangreichste und zeitaufwändigste schriftliche Arbeit Ihrer schulischen Karriere. Um bei der Fülle des gesammelten und auszuwertenden Materials nicht den Überblick zu verlieren, ist es ratsam, von Anfang an ein Ordnungssystem zu pflegen. Ihr Ordnungssystem sollte so organisiert sein, dass Sie das Thema stets im Auge behalten.

Der erste Schritt besteht darin, sich mittels einer *Mindmap* („Gedächtniskarte") einen Überblick über das Thema, dessen Umsetzungsmöglichkeiten, die benötigten Materialien und Personen, die Wege der → **Stoffsammlung** sowie die Methoden und → **Arbeitstechniken** zu verschaffen. Eine Mindmap hat den zusätzlichen Vorteil, dass sie stets ergänzbar und veränderbar bleibt.

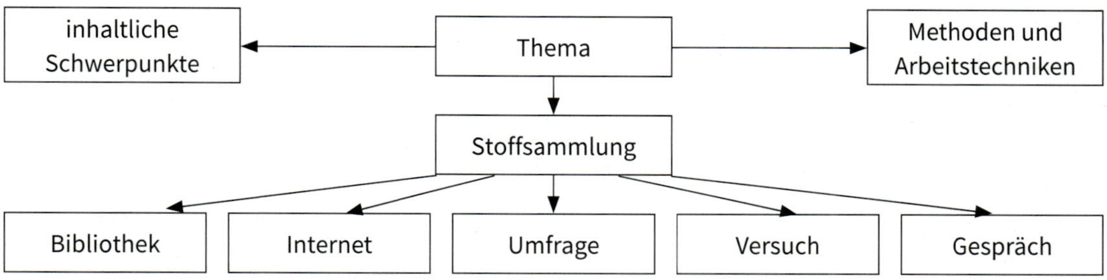

Der zweite Schritt ist die Anlage einer *Arbeitsmappe* oder eines *Arbeitsordners.* Dies kann traditionell handschriftlich erfolgen oder in digitalisierter Form. Wenn es Ihnen leichter fällt, traditionell zu arbeiten, sollten Sie sich einen Ordner mit Register anschaffen. Die Register beschriften Sie entsprechend der Schwerpunkte, die Sie in der Arbeit setzen möchten. Alles, was Sie in der Phase der *Stoffsammlung* an Material sammeln, heften Sie unter den betreffenden Registerkarten ab. Dabei dürfen Sie nie vergessen, auf jedem Material zu verzeichnen, um was es sich handelt, wo Sie es gefunden haben und wann Sie an das Material gekommen sind. Dies erspart Ihnen weiteren Aufwand in der Schreibphase. Achten Sie daher darauf, bei kopierten Literaturauszügen, Grafiken, → **Statistiken** oder → **Fotografien** stets eine vollständige → **bibliografische** Angabe auf der Kopie zu notieren, sowie – falls Sie später noch etwas nachschlagen möchten – die Bibliothekssignatur des Werkes. Bei → **Umfragen** und → **Versuchen** sollten Sie das Datum sowie eventuelle besondere Umstände bei der Durchführung in Ihren Unterlagen vermerken. Bei → **Betriebsbesichtigungen** oder → **Expertengesprächen** sollten Sie sich immer auch nach dem Namen und der Funktion Ihres Gesprächspartners erkundigen und ebenfalls Ort, Datum und Uhrzeit des Gesprächs notieren. Speziell bei → **Internetrecherchen** hat es sich bewährt, die aufgerufene Homepage auf der Festplatte Ihres PC zu speichern und das Download-Datum zu vermerken. Dies kann zum Beispiel mithilfe eines Screenshots geschehen. (Dazu drücken Sie die Taste „Druck" auf Ihrer Tastatur und fügen die so kopierte Bildschirmaufnahme zum Beispiel in ein Textdokument.) Die Webseiten, die Sie später wirklich in der Arbeit verwenden, kopieren Sie auf einen digitalen Datenträger. Diesen geben Sie am besten mit ab.

Für die *Auswertungsphase* legen Sie sich einen zweiten Ordner an, dessen Registerkarten den Oberpunkten Ihrer Gliederung entsprechen. Hier werden dann die bearbeiteten und ausgewerteten Materialien abgelegt. So können Sie in der anschließenden *Schreibphase* Kapitel für Kapitel „abarbeiten". Sollten Sie lieber am PC arbeiten wollen, so empfiehlt es sich, eigene Dateiordner für jedes geplante Kapitel anzulegen, um digitalisiertes Material dort geordnet ablegen zu können. Vergessen Sie auch in diesem Fall nie, zu vermerken, wann Sie das Material heruntergeladen haben, von wem es stammt und wo Sie es gefunden haben.

2. Stoffsammlung zur Fach-/Seminararbeit

2.1 Literaturrecherche

Die Fach-/Seminararbeit soll Spaß machen. Dazu ist allerdings selbstständiges Arbeiten und Forschen notwendig. Verschiedene Kompetenzen lassen sich dabei erlernen oder verbessern:

- die Abgrenzung einer Fragestellung;
- das Aufspüren von Dokumenten und Publikationen;
- die Analyse von Information;
- die Formulierung persönlicher Überlegungen zu einem bestimmten Thema;
- die Gesprächsführung mit verschiedenen Interviewpartnern/Experten;
- die eigene Kritikfähigkeit;
- die schriftliche Ausdrucksweise.

Ein erster wichtiger Baustein Ihrer Forschungsarbeit ist die Literaturrecherche. Ihre Fach-/Seminararbeit soll nicht in ein Vakuum stoßen, sondern vielmehr bestehende Literatur sinnvoll und systematisch aufnehmen. Erst eine ausgiebige Literaturrecherche ermöglicht Ihnen die Antwort auf die Frage, ob Ihr Thema für Sie auch wirklich realisierbar ist. Keinesfalls sollten Sie die Literaturrecherche aber überschätzen: Sie ist lediglich ein Hilfsmittel zur Unterstützung des eigenen Denkprozesses.

Im Mittelpunkt Ihrer Literaturrecherche steht die Beschäftigung mit schriftlichen Quellen. Als Primärquellen kommen für Sie Zeitungsartikel, Gesprächsnotizen, Autobiografien, Tagebücher oder – bei einer historisch gelagerten Arbeit – auch Archivmaterialien in Betracht.
Lexika, Sachwörterbücher, Nachschlagewerke, Sammelbände, Fachzeitschriften und Einführungen stehen Ihnen dazu grundsätzlich als Sekundärquellen zur Verfügung. Bei der Sekundärliteratur sollten Sie es vermeiden, populärwissenschaftliche Werke, also Bücher, die nicht wissenschaftlichen Kriterien genügen, zu verwenden. Diese lassen sich zum Beispiel an zu reichhaltiger Bebilderung oder fehlenden Fußnoten bzw. Querverweisen zu anderen (wissenschaftlichen) Werken erkennen. Gleiches gilt für die Verwendung von Zeitschriften und Zeitungen: Sie sollten nur überregionale Zeitungen und Zeitschriften, bei welchen man davon ausgehen kann, dass alles, was sie veröffentlichen, nach den Regeln des seriösen Journalismus sauber und einwandfrei recherchiert wurde, verwenden. Hierzu gehören in erster Linie „Der Spiegel“, „Focus“, „Stern“, „Die Welt“, „Die Süddeutsche“, „Die Zeit“, die „Frankfurter Allgemeine Zeitung“ (FAZ), der „Tagesspiegel“, das „Handelsblatt“, die „Wirtschaftswoche“. die „Tageszeitung“ (taz); vor der Informationsbeschaffung aus sogenannten Boulevardblättern sei hingegen gewarnt.

Es gilt der Grundsatz: Eine gute Recherche am Anfang spart Ihnen später Zeit und Mühe. Freilich müssen Sie auch beim Schreiben der Fach- bzw. Seminararbeit immer wieder Literatur recherchieren. Die Literaturrecherche ist also ein laufender Prozess. Den Zugang erleichtert Ihnen die Technik des → **Bibliografierens**. Ihr Quellen- und → **Literaturverzeichnis** stellen Sie zusammen, indem Sie in Sachkatalogen einer Universitätsbibliothek nach Stichworten, konkreten Buchtiteln oder Autoren „fahnden“.

Freilich werfen die Sachkataloge von Bibliotheken ein gewichtiges Problem auf: Bloße Schlagwörter einzugeben, hilft Ihnen in den wenigsten Fällen wirklich weiter. Die Eingabe von zentralen Stichworten wie „Erosion“, „Impressionismus“, „Demokratie“, „binomische Formeln“ oder „Deutschland“ führt zu Ergebnissen, die Sie förmlich erschlagen. Wenn Sie also zu allgemein recherchieren und „alles Mögliche“ um das Thema herum sammeln, stehen Aufwand und Ertrag schnell in einem Missverhältnis – die Unübersichtlichkeit des Materials steigt, nicht aber Ihr Erfolgsgefühl. Sinnvoll ist es daher, gerade die bestehenden Bibliografien aus geeigneten Fachbüchern zu durchforsten. Sie sollten daher vor allem verständliche Einführungsbücher oder Beiträge aus Fachzeitschriften nutzen, und es empfiehlt sich – wie so oft – ein möglichst präzises Arbeiten.

Literatur- und Informationsquellen für eine wissenschaftliche Arbeit

Art der Quelle	*Charakteristikum*	*Verwendung*
Lehrbuch	verschafft einen Überblick	Einordnung/Erfassung des Themas
Fachzeitschrift	aktuell, hochwertig, mitunter (über-)komplex	spezifisches Wissen zu konkreten Punkten
Sammelband/Handbuch	breites Spektrum (nicht immer systematisch und leicht zu erfassen)	Einführung in Teildisziplinen
Lexikon	knappe Begriffsdarstellungen	Nachschlagen zentraler Begriffe
Tages-/Wochenzeitung	aktuell (regionale und überregionale Blätter)	Erkennen aktueller Diskussionen und Kontroversen
Internet	sehr aktuell, aber höchst unterschiedliche Qualität (Problem der Überprüfbarkeit)	(internationale) Daten, Praxisbeispiele (evtl. eigene Ergänzungen nötig)

Zwei *Suchtechniken* erleichtern Ihnen die Literaturrecherche:

- *Schneeballsystem:* Sie spüren eine einfache Literaturquelle (Lehrbuch oder Fachaufsatz) auf und recherchieren über deren Literaturverzeichnis weitere Literatur. Ihre Zahl an Fundstellen wächst somit. Freilich bleibt Ihnen auch hier die eigene Auswahl (Selektion) nicht erspart. Sie sind zudem sehr von der ersten Literaturquelle abhängig, die sehr ergiebig, verlässlich und zudem aktuell sein muss.
- *Hubschrauberperspektive:* Mit einer systematischen Suche versuchen Sie, Ihr gewähltes Gebiet wissenschaftlich kennenzulernen. Sie arbeiten hier stark mit Schlüsseln, d. h. mit einem genauen Blick auf Stichworte, Begriffe und Autoren. Es könnte zudem hilfreich sein, sich auf einen Forschungsansatz zu konzentrieren, der wiederum zentrale Bedeutung für Ihre Arbeit hat.

Im Endeffekt sollten Sie Folgendes beachten:

- Erst nach Festlegung Ihrer zentralen Fragestellung lohnt sich die Literaturrecherche wirklich.
- Ohne Verarbeitung fachlich hochwertiger Literatur (Fachbeiträge) nehmen Sie sich selbst die „Butter vom Brot“ und können wahrscheinlich weniger schlüssig argumentieren.
- Auch die gründlichste Literaturrecherche erspart Ihnen nicht das eigenständige Schreiben.

2.2 Internetrecherche

Die Recherche im Internet hat sich zu einer Basismethode der bequemen Informationsbeschaffung entwickelt. Allerdings müssen die leicht zugänglichen Inhalte sorgsam geprüft werden. Da eine lange Gültigkeit keineswegs garantiert ist, drucken Sie Ihre Internetquelle entweder aus oder speichern diese auf dem Computer. (Dies kann zum Beispiel mithilfe eines Screenshots geschehen. Drücken Sie dazu die Taste „Druck" auf Ihrer Tastatur und fügen die so erstellte Bildschirmaufnahme zum Beispiel in ein Textdokument ein.) Überschätzen Sie die Internetrecherche dabei nicht, denn den Königsweg zu einer guten Seminararbeit werden Sie dort nicht finden. Fest steht, dass der Klick im Internet weder den Gang in die Bibliothek noch die Lektüre der Fachliteratur noch die eigene Kreativität ersetzt. Vergaloppieren Sie sich also nicht bei der Internetrecherche!

Aufbau einer Internetadresse: Eine Information im Internet ist dann brauchbar, wenn ihr eine unverwechselbare und eindeutige Adresse zugrunde liegt. Die Internetadresse, die URL (Uniform Resource Locator; dt.: einheitlicher „Quellenanzeiger") ist stets nach dem gleichen Schema aufgebaut: Sie beginnt mit dem Dienst *http:* (für Hypertextübertragungsprotokoll), dann folgt ein Verzeichniswechsel //, dann die Wahl des Verzeichnisses (Subdomain), meist *www* (World Wide Web), anschließend die Trennung durch einen Punkt (dot). Danach folgt der Name, die Domain (Bereich) und zum Schluss nach einem weiteren *dot* der Top-Level-Bereich (in der Regel das Herkunftsland *de* für Deutschland, *at* für Österreich, *ch* für die Schweiz, *fr* für Frankreich sowie *eu* für die Europäische Union und *com* für die USA und alle anderen international ausgelegten Adressen). Nach dieser Adresse folgen der Pfad und der Dateiname.

Beispiel: http://www.suchmaschinen-tippgeber.de/Neue_Links/

Bei der Verwendung für Ihre Seminararbeit ist es wichtig, dass Sie alle diese Angaben berücksichtigen. Für den Download (z. B. eines pdf-Dokuments) haben Sie es mitunter mit sehr langen Adressen zu tun. Jede Internetadresse darf nur Buchstaben und Zahlen enthalten, einen Bindestrich (-) und die Tilde (~). Klammern und Leerzeichen finden sich hingegen nicht. Wenn Sie Texte aus dem Internet → **zitieren**, sollten Sie neben dem Portal stets auch das Zugriffsdatum angeben – denn der abgedruckte Text existiert in manchen Fällen nicht dauerhaft.

Suchmaschinen und Suchtechniken: Beliebt aufgrund ihrer Schnelligkeit sind die zahlreichen Suchmaschinen im Netz, insbesondere *Google, Bing* und *Yahoo!.* Über Suchmaschinen gelangen Sie zwar rasch an viele Informationen, Sie können mitunter aber Schwierigkeiten mit einem Wust an ungefilterten, qualitativ höchst unterschiedlichen und manchmal sehr fragwürdigen Informationen bekommen. Bedenken Sie: Eine unendliche Trefferanzahl und zusammenhangslose Informationen behindern die Suche nach Qualitätstexten eher, anstatt sie zu fördern. Die Suchmaschinen-Betreiber selbst bestimmen die Rankingfaktoren für die Suchergebnisse, machen diese aber selten transparent, sodass die Ergebnisreihenfolge für den Nutzer i. d. Regel nicht nachzuvollziehen ist. Die Suche mit Stichworten lässt sich mit folgenden Verknüpfungen aber etwas zielgerichteter gestalten:

and = die Suchbegriffe müssen gemeinsam in einem Dokument vorkommen
not = ein Begriff muss enthalten sein, der zweite darf nicht vorkommen
or = die Suchbegriffe können gemeinsam oder getrennt vorkommen
near = mit diesem Operator werden Begriffe gesucht, die nicht weiter als 10 Zeichen voneinander entfernt in einem Text vorkommen (und dadurch inhaltlich in Zusammenhang stehen)

Wissen aus dem Netz

Die Recherche im Internet löst im Rahmen von schulischen oder universitären Arbeitsaufträgen immer mehr die althergebrachte Literaturrecherche ab. Gegen diese schnelle und bequeme Methode der Informationsbeschaffung ist auch nichts einzuwenden, solange man einige wichtige Grundregeln beachtet. Die wichtigste Grundregel lautet, dass nichts zitierfähig und damit im Rahmen eines schulischen Rechercheauftrags verwendbar ist, was nicht auf seriösen Seiten veröffentlicht wurde. Dabei ist es schwierig zu definieren, was unter einem „seriösen" Anbieter zu verstehen ist.

Als vertrauenswürdig gelten

- Webseiten staatlicher Institutionen (Bundes- und Landesministerien, Bundesämter wie etwa das Statistische Bundesamt) oder von Institutionen, die vom Staat gefördert werden oder mit ihm kooperieren (zum Beispiel die Bundeszentrale für politische Bildung),
- Internetangebote wissenschaftlicher Institutionen wie etwa Universitäten oder Museen (zum Beispiel das „Haus der deutschen Geschichte"),
- Internetauftritte der öffentlich-rechtlichen Rundfunksender (alle Anstalten der ARD, ZDF, Phoenix, 3SAT, Arte); bei der Informationsbeschaffung bei den Privatsendern sollte man Vorsicht walten lassen und den betreffenden Sender genau prüfen; so sind Informationen der Nachrichtensender NTV oder N24 im Normalfall bedenkenlos verwendbar,
- alle deutschen, überregionalen Zeitungen und Zeitschriften, die ihre Inhalte im Internet anbieten und bei welchen man davon ausgehen kann, dass alles, was sie veröffentlichen, nach den Regeln des seriösen Journalismus sauber und einwandfrei recherchiert wurde. Hierzu gehören in erster Linie „Der Spiegel", „Focus", „Stern", „Die Welt", „Die Süddeutsche", „Die Zeit", die „Frankfurter Allgemeine Zeitung" (FAZ), der „Tagesspiegel", das „Handelsblatt", die „Wirtschaftswoche", die „Tageszeitung" (taz); vor der Informationsbeschaffung aus sogenannten Boulevardblättern sei hingegen gewarnt;
- alle ausländischen überregionalen Zeitungen und Zeitschriften, die ihre Inhalte im Internet anbieten und bei welchen man davon ausgehen kann, dass alles, was sie veröffentlichen, nach den Regeln des seriösen Journalismus sauber und einwandfrei recherchiert wurde. In diesen Fällen ist es allerdings schwierig festzustellen, welcher Quelle man wirklich bezüglich des Wahrheitsgehalts trauen kann. Hier muss man den jeweiligen Internetauftritt der fraglichen Zeitschrift kritisch beurteilen: Bei allzu reißerisch gestalteten Schlagzeilen oder „bunten" Homepages sollte man generell Zurückhaltung üben. So ist etwa „The Times" immer zitierfähig, die Boulevardzeitung „Daily Mirror" in der Regel nicht.
- Vor Medien, deren redaktioneller Standort sich in diktatorischen oder semidemokratischen Staaten befindet, sei generell gewarnt (zum Beispiel „Russia Today" oder „China Daily").

Wenn Sie also im Internet mittels einer Suchmaschine wie zum Beispiel „Google" recherchieren, so können Sie als Vorfilter den Suchbegriff, zum Beispiel „Migration in Deutschland", gleich mit der von Ihnen bevorzugten Quelle verbinden, also etwa „Migration Deutschland Spiegel online".

Vor allem bei Wikipedia, dem im Netz am meisten verwendeten Nachschlagewerk, kann man nie sicher sein, aus welcher Motivation ein Eintrag entstanden ist und wie vertrauenswürdig der Autor bzw. die Autoren sind. Aus diesem Grund sind Wikipedia-Artikel, so gut manche von ihnen für eine schnelle Information sein mögen, nicht als Quellen für schulische oder wissenschaftliche Arbeiten bzw. Recherchen verwendbar oder gar unkritisch zitierfähig. Gleiches gilt für Homepages, die Privatpersonen oder unseriöse Organisationen betreiben. Informationen aus den Sozialen Medien können maximal als Quelle nützlich sein (wie etwa die Tweets von US-Präsident Trump).

2.3 Umfragen und Fragetechniken

Die Durchführung von Umfragen ist eine wesentliche Forschungsmethode der Sozial- und Geschichtswissenschaften. Man unterscheidet zwischen der *standardisierten Befragung* und der *nicht-standardisierten Befragung*.
Bei der *standardisierten Befragung* besteht der Fragebogen aus geschlossenen Fragen mit vorgegebenen Antwortmöglichkeiten und fester Fragenabfolge. Die Anzahl der Personen, die vom Interviewer persönlich, schriftlich, telefonisch oder online befragt wird, ist groß. Der Zeitrahmen ist eng gesteckt. Probleme ergeben sich durch die Künstlichkeit der Interviewsituation und die geringe Flexibilität des Interviewers bzw. der interviewten Person. Bei der *nicht-standardisierten Befragung* existiert statt eines vorstrukturierten Fragebogens lediglich ein Leitfaden zur Gesprächsführung. Dies gestattet dem Interviewer ein hohes Maß an Flexibilität. Die Anzahl der Personen, die vom Forschenden persönlich befragt wird, ist klein. Das Interview dauert erheblich länger als bei der standardisierten Variante. Probleme ergeben sich bei der Auswertung der Daten und der Definition der Messkriterien.

Grundsätzlich unterscheidet man vier Fragetypen:

- *Einstellungsfragen* können auch als Alternativfragen gestellt werden, indem zwei Antwortmöglichkeiten vorgegeben werden (Bsp.: „Extremistische Parteien sollten verboten werden: ja/nein.“).
- *Überzeugungsfragen* können offen gestellt werden, in Multiple-Choice-Form oder als Alternativfragen (Bsp.: „Was denken Sie, wie viele Menschen haben nicht genügend Trinkwasser?“).
- *Verhaltensfragen* sollen die Dauer, Häufigkeit und Art eines bestimmten Verhaltens erfassen (Bsp.: „Trennen Sie regelmäßig Ihren Hausmüll?“).
- *Sozialstatistische* Fragen können offen gestellt werden, in Multiple-Choice-Form oder als Alternativfragen (Bsp.: „Wie hoch ist Ihr durchschnittliches monatliches Haushaltsnettoeinkommen?“).

Bei den Frageformen wird zwischen *offenen* und *geschlossenen Fragen* unterschieden. Je offener die Fragestellung ist, desto mehr Spielraum hat der Befragte bei der Beantwortung. Das Fehlen fester Antwortkategorien erschwert andererseits die Auswertung der Ergebnisse. Es kann ferner zwischen *direkten* und *indirekten* Fragen unterschieden werden. Mithilfe indirekter Fragen sollen Erkenntnisse zu Tage gebracht werden, die dem Befragten selbst nicht bewusst sind. In diese Kategorie gehören z. B. Assoziationsfragen (Bsp.: „Woran denken Sie, wenn Sie das Wort ‚Sowjetunion‘ hören?“).

Folgende Regeln sollten Sie bei der Ausarbeitung Ihres Fragenkatalogs beachten:

- Die Fragen sollten kurz und prägnant formuliert sein. Vermeiden Sie Fremdwörter, Fachausdrücke und Abkürzungen; diese Regel gilt eingeschränkt auch bei der → **Expertenbefragung**.
- Die Fragen sollten allgemein verständlich und positiv formuliert sein. Vermeiden Sie daher umgangssprachliche Ausdrücke oder Dialekt.
- Fragen mit doppelter Negation lassen Raum für Vermutungen und Unterstellungen und erschweren das Verständnis. Sie sind insofern zu vermeiden (Bsp.: „Sind Sie nicht unglücklich über …?“).
- Vermeiden Sie wertbesetzte Begriffe; formulieren Sie neutral (Bsp.: „Vorgesetzter“ statt „Boss“).
- Stellen Sie keine Suggestivfragen (Bsp.: „Sie sind doch sicher auch der Meinung, dass die Steuern gesenkt werden müssen, oder?“) bzw. hypothetischen Fragen (Bsp.: „Gesetzt den Fall, der Archaeopteryx wäre nicht ausgestorben, hätten dann nicht …?“).
- Stellen Sie keine mehrdimensionalen Fragen, sondern pro Sachverhalt stets nur eine.
- Überfordern Sie Ihren Interviewpartner nicht (Bsp.: „Wie viel Prozent Ihres Bruttogehalts geben Sie täglich für Lebensmittel aus?“).

Beim Aufbau Ihres Fragebogens sollten Sie folgende Regeln beherzigen:

- Jeder Fragebogen beginnt mit einer *Eröffnungsfrage*, die dazu dient, das „Eis" zwischen Interviewer und Partner zu „brechen"; diese Frage muss nicht zwangsläufig zielgerichtet sein.
- Da die Aufmerksamkeit Ihres Gegenübers mit zunehmender Fragedauer sinkt, sollten die wichtigsten Fragen im zweiten Drittel des Fragebogens stehen.
- Arbeiten Sie – wenn nötig – mit sogenannten *Trichterfragen*, indem Sie während der Befragung vom Allgemeinen schrittweise zum Besonderen vordringen.
- Schalten Sie den einzelnen Frageblöcken sogenannte *Filterfragen* vor. Diese gewährleisten, dass bestimmte Fragenkomplexe nur von Personen beantwortet werden, die zu diesem Thema tatsächlich etwas beitragen können (Bsp.: „Waren Sie in Ihrer Jugend in der HJ?"). Wird eine solche Frage verneint, können Sie zum nächsten Fragenblock übergehen.
- Den Filterfragen ähnlich sind die sogenannten *Gabelfragen*: Sie selektieren in unterschiedliche Anschlussfragen (Bsp.: „Sind Sie a) römisch-katholisch, b) evangelisch oder c) überhaupt nicht getauft?"). Auf Antwort A folgt ein anderer Fragenblock als auf Antwort B. Mit Antwort C wird der Fragenblock übersprungen. Filter- und Gabelfragen helfen, überflüssige Fragen zu vermeiden.
- Mischen Sie, so möglich, offene und geschlossene Fragestellungen.
- Stellen Sie heikle Fragen erst am Ende des Interviews und nur dann, wenn sich vorher eine positive Gesprächsatmosphäre eingestellt hat.
- Prüfen Sie kritisch die Länge Ihres Fragebogens; überlegen Sie, ob ggf. Kürzungen nötig sind.

Bei der praktischen Vorbereitung des Interviews sollten Sie im Vorfeld überlegen, ob die Interviews von einem oder mehreren (Hilfs-)Interviewern durchgeführt werden sollen. Entscheiden Sie sich für mehrere Interviewer, so hat dies den Vorteil, dass Sie sich selbst entlasten und damit aufnahmefähiger sind: Die Bedienung des Aufnahmegeräts und das Führen des Protokolls lenkt Sie nicht von der Gesprächsführung ab. Der Nachteil liegt darin, dass die Anwesenheit einer dritten Person die Gesprächssituation grundsätzlich ändert; dies kann, muss sich aber nicht negativ auf die Gesprächsatmosphäre auswirken.

Bevor Sie Ihren ersten Interviewtermin wahrnehmen, sollten Sie Ihr Arbeitswerkzeug auf Funktionalität prüfen. Die Aufnahme der Interviews erfolgt entweder mit einem Diktafon oder einem Smartphone. Prüfen Sie aber im Vorfeld, auf wie viele Minuten die Aufnahme begrenzt ist. Kleiden Sie sich der Situation angemessen: Bei staatlichen und behördlichen Würdeträgern oder auch bei Vertretern von Industrie und Handel wird das Auftreten in Anzug und Krawatte bzw. entsprechender Damen-Bekleidung erwartet. Ebenso sollten Sie auf Pünktlichkeit achten. Kommen Sie unverschuldet zu spät, so informieren Sie Ihren Interviewpartner so schnell wie möglich, am besten mit einem kurzen Telefonanruf.

Bevor Sie mit dem Interview beginnen, sollten Sie Ihrem Gegenüber in einer „Aufwärmphase" die Möglichkeit geben, sich in die Situation einzufinden. Ein kurzer Small Talk erleichtert das Gespräch – auch für Sie. Ihr Auftreten sollte dabei freundlich und zurückhaltend sein. Sichern Sie Ihrem Gesprächspartner eingangs zu, dessen Aussagen bzw. Daten vertraulich zu behandeln und stellen Sie ihm/ihr jederzeit frei, auf eine Frage nicht zu antworten. Holen Sie sich in diesem Zusammenhang auch die Erlaubnis zur Tonbandaufzeichnung ein.

Folgende Regeln gilt es während des Interviews zu beachten:

- Gestalten Sie die Gesprächssituation so natürlich wie möglich und vermeiden Sie ein reines Ablesen der Interviewfragen.
- Halten Sie Blickkontakt; unterbrechen Sie Ihr Gegenüber nur bei grober Themenabschweifung und ermöglichen Sie ihm/ihr (Denk-)Pausen.
- Seien Sie flexibel und ziehen Sie eventuell Fragenkomplexe vor, falls sich dies aus der Gesprächsführung ergibt: Versuchen Sie nicht, um jeden Preis an Ihrem Aufbau festzuhalten.
- Klären Sie Dinge, die Sie nicht verstanden haben, mit kurzen und eindeutigen Nachfragen.
- Zeigen Sie sich kompetent und konziliant.
- Vermeiden Sie Bewertungen der Aussagen Ihres Interviewpartners: Bleiben Sie neutral.
- Lassen Sie sich nicht in ein zwar zwangloses, aber nicht zielführendes Gespräch verwickeln.
- Bleiben Sie stets auf Ihr Gegenüber konzentriert.

Beispiel für einen Fragebogen zu einer standardisierten (Online-)Befragung:

Frage 1: Wenn Sie an die letzte Zeit bei Ihnen, in Ihrem eigenen Wohnumfeld denken, wie stark fühlen Sie sich persönlich von folgenden Lärmquellen gestört und belästigt?

Ich fühle mich in der letzten Zeit durch …	äußerst gestört und belästigt	stark gestört und belästigt	mittelmäßig gestört und belästigt	etwas gestört und belästigt	überhaupt nicht gestört und belästigt
Straßenverkehr					
Flugverkehr					
Schienenverkehr					
Nachbarn					
Baustellen					

Frage 2: Wenn Sie an die letze Zeit bei Ihnen, in Ihrem eigenen Wohnumfeld denken, wie stark haben Sie sich durch *den Lärm aller Geräuschquellen* insgesamt gestört und belästigt gefühlt?

Ich fühle mich in der letzten Zeit durch den Lärm aller Geräuschquellen zusammen …	äußerst gestört und belästigt	stark gestört und belästigt	mittelmäßig gestört und belästigt	etwas gestört und belästigt	überhaupt nicht gestört und belästigt

Frage 3: Können Sie Ihre Nachbarn durch die Wohnungstrennwand oder -decke wahrnehmen?

Die Geräusche meiner Nachbarn sind …	sehr gut wahrnehmbar	gut wahrnehmbar	mittelmäßig wahrnehmbar	etwas wahrnehmbar	gar nicht wahrnehmbar
Trifft für mich nicht zu					

Aus: Umweltbundesamt (Hrsg.): Lärm. Online-Umfrage zur Lärmbelästigung in Deutschland; gekürzt; Stand: 8. 8. 2007; URL: www.umweltbundesamt.de/laermumfrage/formular.php (Zugriff am 9. 7. 2009)

2.4 Betriebserkundung

Wenn Sie Ihre Fach- oder Seminararbeit insbesondere im Fach Wirtschaft, gegebenenfalls aber auch in anderen Fächern schreiben, kann eine Betriebserkundung für die Anfertigung Ihrer Arbeit vonnöten sein. Im Rahmen einer Betriebserkundung können Sie die Merkmale und Probleme eines Unternehmens oder einer Branche veranschaulichen. Im Gegensatz zu einer *Betriebsbesichtigung*, bei der große Besuchergruppen zügig die Produktionsstätten abschreiten und mittels eines längeren Vortrags über Ziele und Philosophie der betreffenden Firma informiert werden, findet im Rahmen der *Betriebserkundung* eine intensive Auseinandersetzung mit einem Unternehmen statt. Eine derartige vertiefte Untersuchung kann sich nur auf einzelne Bereiche innerhalb des Unternehmens bzw. einzelne Themen beziehen und benötigt eine genau durchdachte Planung und Vorbereitung. Im Zentrum des Erkenntnisgewinns steht meist das Gespräch mit dem Management und/oder den Beschäftigten des Betriebs.

Die Auswahl des Betriebs ergibt sich aus der Zielsetzung der Erkundung und der Art des Themas. Wenn Sie z. B. die Migrationseinflüsse auf das Ausbildungsniveau von Arbeitnehmern untersuchen sollen, so müssen Sie den Fokus auf einen Betrieb richten, der eine ausreichend große Zahl an zugewanderten Arbeitskräften beschäftigt.

Da Betriebe besonders für Erkundungen längere Vorlaufzeiten benötigen, wird Ihr Kursleiter/Ihre Kursleiterin bereits ein halbes Jahr vorher eruiert haben, welcher Betrieb sich für Ihr Thema eignet. Dann müssen Sie nur noch klären, ob die Kontaktaufnahme durch Sie selbst geschehen soll. Bevor Sie sich mit der Firma in Verbindung setzen, sollten Sie zumindest über ein grobes Konzept verfügen, aus dem das Ziel und die Vorgehensweise Ihrer Betriebserkundung ersichtlich werden. Von folgenden Aspekten können Sie sich bei der Konzeption Ihrer Arbeit leiten lassen:

- *Betriebsorganisation* (Hierarchie, Kernprozesse, Unterstützungsprozesse, Logistik etc.)
- *Fertigungsorganisation* (Gruppenarbeit, selbstständige Gruppenarbeit, Einzelarbeit, Fließbandarbeit, teilautonomes Team etc.)
- *Fertigungsprozesse* (neue Technologien, z. B. Automatisierungsgrad, Anteil der Handarbeit etc.)
- *Veränderungen* (Verhältnis von Losgröße zu Automatisierungsgrad, Ökologie etc.)
- *Kompetenzprofile* (Teamfähigkeit, Kommunikationsfähigkeit, Präsentationsfähigkeit, Prozesswissen, Verantwortungsbereitschaft, Qualitätsbewusstsein etc.)
- *Überbetriebliche Aspekte* (Interessenvertretung, Gesundheitswesen, Instandhaltung etc.)
- *Berufserkundung* (Aufgaben- und Tätigkeitsbereiche, Verantwortlichkeiten, Spezialkenntnisse, berufsspezifische/berufsfremde Tätigkeiten etc.)

Mit diesen Aspekten lassen sich folgende Zielsetzungen/Erwartungen der Erkundung formulieren:

- Erkennen der *Kerngeschäfte* einer Firma
- Verdeutlichen der *Größe und Bedeutung* einer Firma durch Variablen wie Anzahl der Mitarbeiter, Flächengröße des Konzerns, Umsatz, Marktanteile
- Erkennen der *Organisationsstruktur* eines Betriebs
- Erkennen der Formen des *Produktionsprozesses* (z. B. Losgrößenproduktion, Wertstromprinzip) und der Formen der *Arbeitsorganisation* (Einzel-, Gruppen- oder Fließfertigung)
- Erkennen der *Vernetzung* der Firma mit Lieferanten und Kunden
- Erkennen der innerbetrieblichen *Aus- und Weiterbildung*
- Erkennen des *Kompetenzprofils* der Mitarbeiter
- Ermittlung des *Qualifizierungsgrads* der Mitarbeiter anhand einer → **statistischen** Erfassung
- Erkennen der *Einstellungspraxis* der Firma

Nach der Kontaktaufnahme und der Zielformulierung mit der von Ihnen oder dem Kursleiter gewählten Firma wird der organisatorische Rahmen geklärt. Dazu müssen Sie Termine vereinbaren sowie den Ablauf der Erkundung skizzieren. Zudem sollten im Vorfeld folgende Fragen geklärt werden:

- Wer ist mein Ansprechpartner im Betrieb und wie erreiche ich ihn/sie (Telefon, Handy, Email etc.)?
- Welches Informationsmaterial bekomme ich von der Firma, evtl. zusätzlich zum Internetauftritt?
- Gibt es die Möglichkeit, betriebseigene Ressourcen zu verwenden (z. B. Besprechungsräume)?
- Welche technischen Hilfsmittel kann ich zur Dokumentation der Erkundung verwenden (Fotoapparat, Digitalkamera, Diktiergerät etc.)? Besteht in manchen Bereichen Fotografierverbot?
- Welche Sicherheitsaspekte, z. B. bei der Kleidung, sind zu beachten?

Einen Leitfaden zur Erstellung eines Interviews sowie zur korrekten Fragetechnik finden Sie in Kapitel 2.3 (S. 14–16). Folgende Vorschläge bilden daher nur eine Anregung zu Fragen, die zu unterschiedlichen Unternehmensbereichen sinnvoll gestellt werden können:

Betriebliche Leistungserstellung
- Welche Produkte werden erstellt bzw. welche Dienstleistungen werden erbracht (Kerngeschäft)?
- Welche neuen Technologien kommen zum Einsatz und wie hoch ist der Automatisierungsgrad?
- Welche Tätigkeiten stehen im Produktionsprozess zentral?

Betriebliche Organisation
- In welche Abteilungen ist die Firma gegliedert und wie ist deren Zusammenarbeit organisiert?
- Wie werden die Mitarbeiter in innerbetriebliche Entscheidungsprozesse einbezogen?
- Hat das Unternehmen Standorte im Ausland bzw. gehört es zu einem internationalen Konzern?

Wirtschaftliche Situation
- Wie viele Mitarbeiter werden intern oder extern (z. B. als Zulieferer) beschäftigt?
- Wie stark ist die Konkurrenz bzw. die eigene Stellung am (internationalen) Markt?
- Wie gestaltet sich die aktuelle Auftragslage im Vergleich zur vergangenen oder prognostizierten?

Körperliche Anforderungen
- Werden für eine beobachtete Tätigkeit bestimmte körperliche/geistige Anforderungen verlangt?

Herstellung von Computerchips

Arbeit in einem Kunsthandwerksbetrieb

- Welche belastenden Faktoren wirken von außen auf die Arbeit ein (Lärm, Hitze etc.)?
- Wie ist die Arbeitzeit geregelt (Gleitzeit, Schichtbetrieb etc.)?

Geistige und soziale Anforderungen
- Welche fachlichen Qualifikationen sind zur Bewältigung der jeweiligen Tätigkeit vonnöten?
- Welche Möglichkeiten für Fortbildungen gibt es? Wie häufig werden diese wahrgenommen?
- Wiederholen sich Tätigkeiten oder stellt das Betätigungsfeld stets neue Anforderungen an den Arbeitnehmer?

Betriebliche Ausbildung
- Wie viele Auszubildende kann der Betrieb aufnehmen?
- Welche Berufe können in der Firma erlernt werden?
- Wie wird die Qualität der Ausbildung firmenintern gewährleistet?

Innerbetriebliche Interessenvertretung der Arbeitnehmer
- Verfügt die Firma über einen Betriebsrat?
- Wie viel Prozent der Belegschaft sind gewerkschaftlich organisiert?
- Wie verläuft die Zusammenarbeit der Geschäftsführung mit dem Betriebsrat?

Ökologische Aspekte
- Welche Umweltbelastungen entstehen durch die Produktion?
- Wie hoch ist der Energiebedarf des Unternehmens? Werden Einsparpotenziale ausgenutzt?
- Arbeitet der Betrieb unter umweltrechtlichen Auflagen? Wie oft wird staatlicherseits kontrolliert?

Im Anschluss an die Erkundung sollte möglichst zeitnah eine Abschlussbesprechung zur Klärung von Fragen und Vertiefung einzelner Aspekte erfolgen, am besten noch vor Ort. Sollten weitere Termine notwendig sein, können diese bereits jetzt vereinbart werden. In einem nächsten Schritt erfolgt die Auswertung Ihrer Erkundungsergebnisse, die gleichzeitig auch Ihre → **Stoffsammlung** darstellt. Je detaillierter Sie daher während der Erkundung protokolliert und mitnotiert haben, umso leichter fällt es Ihnen später, auf dieser Basis die Fach- oder Seminararbeit zu schreiben.

Spargelbauer mit Erntehelfern

Fertigungsstraße in der Automobilindustrie

2.5 Expertenbefragung

Die Sachinformationen für Ihre Fach- bzw. Seminararbeit erhalten Sie meist aus der von Ihnen gewählten Primär- und Sekundärliteratur, Ihren Versuchsergebnissen sowie Ihren → **Exzerpten** und → **Transkriptionen** aus audiovisuellen Medien. Daneben haben Sie die Möglichkeit, sich Informationen „aus erster Hand" zu beschaffen, im Gespräch mit Experten und/oder Zeitzeugen.

Entsprechend Ihrer fachlichen Ausrichtung können folgende Personen Ihre Ansprechpartner sein:

- *naturwissenschaftliche Fächer (Mathematik, Informatik, Physik, Chemie, Biologie):* Wissenschaftler und Forscher, aber auch Personen aus der freien Wirtschaft, die sich in ihrer Firma mit Naturwissenschaft und Technik beschäftigen;
- *Sozialkunde, Religion und Ethik:* lokale, regionale oder landes- und bundesweite Amtsträger, Bürgermeister, Stadt- und Gemeinderäte, Politiker aller Couleur, Verwaltungsangestellte und -beamte, Polizisten, Zeitungsredakteure, Pfarrer, Sozialarbeiter und Unternehmer, aber auch – bei soziologisch orientierten Interviews – ganze Bevölkerungsteile;
- *Wirtschaft und Recht:* Richter, Staats- und Rechtsanwälte sowie Unternehmer und Arbeitnehmer;
- *Geografie:* Geologen, Meteorologen, Beamte/Angestellte z. B. eines Vermessungsamtes etc.;
- *Geschichte:* Experten aus der Wissenschaft, insbesondere Hochschullehrer und -dozenten, Archivare, Museumsangestellte, vor allem aber Zeitzeugen;
- *Sprachen (Deutsch, Englisch, Französisch, Latein etc.):* neben Literatur- und Sprachwissenschaftlern auch Zeitungsredakteure, Journalisten, Schriftsteller und natürlich „native speakers".

Vier zentrale Fragen dienen als *Leitfaden* zur Expertenbefragung:

1. Wer ist Experte? Welche Anforderungen haben Sie an ihn?

- Das wichtigste Auswahlkriterium ist die Sachkunde des Experten und seine Fähigkeit zur sachlichen Darstellung von Problemen. Ein Mitglied eines Tierschutzverbandes wird die Notwendigkeit von Tierversuchen anders beurteilen als ein Vertreter der Pharmaindustrie. Bei prekären und gesellschaftlich umstrittenen Fragestellungen empfiehlt es sich daher, mehrere Experten beider „Lager" zu befragen, um zu objektiven Ergebnissen zu gelangen.
- Der Experte sollte in der Lage sein, sein Wissen verständlich zu vermitteln.
- Seine Aussagen sollten sinnvoll verwertbar und zitierbar sein.

2. Wie ist eine Expertenbefragung vorzubereiten?

- Grenzen Sie den Bereich Ihrer Fach- bzw. Seminararbeit ein, bei dem ein Expertengespräch sinnvoll erscheint.
- Lassen Sie sich frühzeitig einen Termin bei dem von Ihnen gewählten Experten geben. Teilen Sie dabei mit, wer Sie sind, was Sie konkret wollen und wie viel Zeit das Gespräch vermutlich in Anspruch nehmen wird. Klären Sie bei dieser Gelegenheit auch, wo das Gespräch stattfinden soll. Falls der Experte bei der ersten Kontaktaufnahme bereits genauere Auskünfte von Ihnen erwartet, ist es sinnvoll, eine detaillierte Vorstellung über den geplanten Gesprächsverlauf oder das Interview parat zu haben.
- Als Nächstes sollten Sie die Inhalte des Interviews und die konkreten Fragen und → **Fragetechniken** planen. Bedenken Sie: Nur derjenige kann qualifizierte und zielorientierte Fragen stellen, der sich in die Materie bereits eingearbeitet hat. Nichts ist (sowohl für den Fragenden als auch den Befragten) peinlicher, als ein Gespräch mit einem unqualifizierten Interviewer zu führen. Achten Sie bei der Erarbeitung des Fragebogens darauf, sämtliche für Ihre Seminararbeit relevanten Fragen auch tatsächlich zu stellen. Eine zweite Befragungsmöglichkeit ergibt sich nämlich selten. Sollte Ihr Interviewpartner

Expertenbefragung

Ihren Fragebogen bereits im Vorfeld zur Vorbereitung des Gesprächs anfordern, so müssen Sie abwägen, ob dies dem Erkenntnisgewinn Ihrer Fach- bzw. Seminararbeit entgegen kommt oder nicht. Im natur-wissenschaftlichen Bereich ist eine Vorbereitung des Befragten auf das Interview meist problemlos. Im gesellschaftswissenschaftlichen Feld hingegen, z. B. bei der Befragung von Zeitzeugen oder Vertretern politischer Parteien, besteht die Gefahr der „Realitätsschönung", wenn Sie dem Befragten längere Zeit zum Überlegen und Vorformulieren einräumen.

- Die Fragen sollten einfach und klar verständlich formuliert sein. Dabei sind Suggestivfragen oder mehrdimensionale Fragen zu vermeiden.
- Kleiden Sie sich der Situation angemessen. Ein gepflegtes Erscheinungsbild ermöglicht Ihnen oft bessere Interviewergebnisse.

3. Wie wird die Expertenbefragung durchgeführt?

- Zu Beginn stellen Sie sich Ihrem Interviewpartner/Ihrer Interviewpartnerin vor und bedanken sich dafür, dass er/sie für ein Expertengespräch zur Verfügung steht.
- Stellen Sie Ihre Fragen in möglichst entspannter Atmosphäre. Wenn Sie etwas nicht verstehen, scheuen Sie sich nicht davor, nachzufragen. Wenn Sie inhaltlich Schwierigkeiten haben, der Antwort zu folgen, sprechen Sie Ihre Probleme offen an. Viele Experten sprechen von ihrem Fachgebiet oft nur für andere Experten verständlich; auf Nachfrage sind sie aber meist in der Lage, sich auch für Laien so auszudrücken, dass man dem Thema folgen kann. Genügt Ihnen eine Antwort inhaltlich nicht, sollten Sie mit Zusatzfragen „nachhaken".
- Nach dem Interview bedanken Sie sich bei Ihrem Gesprächspartner und teilen ihm mit, wie Sie mit den Interviewergebnissen weiter verfahren werden.

4. Wie wird die Befragung ausgewertet?

- Zuerst → **transkribieren** Sie das (z. B. per Diktafon oder Smartphone) aufgenommene Interview.
- Anschließend → **exzerpieren** Sie das Interview und arbeiten die wesentlichen Aussagen Ihres Interviewpartners heraus.

Diese Aussagen können nun bei der Ausfertigung der Arbeit herangezogen werden, sowohl als sinngemäßes als auch als wörtliches → **Zitat**.

- Die digitalisierte Aufnahme und der transkribierte Text des Interviews müssen der Arbeit – eventuell im → **Anhang** – beigelegt werden.

2.6 Strukturwandel-Recherche

Gesellschaftlicher Strukturwandel hat viele Aspekte. Er kann sowohl den Wandel ganzer Gesellschaften als auch den Wandel von Teilen des Gesellschaftssystems, z. B. des Wirtschaftssystems, meinen. Wer die Rahmenbedingungen und Bezugspunkte des eigenen Lebens verstehen und in überregionale Zusammenhänge einordnen will, muss in der Lage sein, den wirtschaftlichen Strukturwandel in der eigenen Region nachvollziehen zu können.

Ursachen und Folgen des Strukturwandels:

- *ökonomische Ursachen und Folgen:* Eine Region kann mit den in ihr produzierten Gütern in Qualität und Preis nicht mehr mit anderen Regionen konkurrieren.

Maxhütte in Sulzbach-Rosenberg, 2002 endgültig stillgelegt

Ein Beispiel für einen vornehmlich ökonomisch erzwungenen Strukturwandel stellt die Stadt Selb in Oberfranken dar, die sich seit Mitte des 19. Jahrhunderts zu einem der wichtigsten deutschen Standorte in der Herstellung von Porzellanwaren entwickelt hatte. Von Mitte der 1970er-Jahre an, also mit dem Übergang von der Industrie- zur Dienstleistungsgesellschaft, gingen die Beschäftigungszahlen in diesem Wirtschaftszweig allerdings stetig zurück. Nach 1989 befanden sich die Selber Firmen in direkter Konkurrenz zu Anbietern aus den ehemaligen Ostblockstaaten und China, denen man aufgrund der hohen Lohn- und Lohnnebenkosten hierzulande nichts entgegensetzen konnte. Verstärkt wurde der Effekt durch den Wegfall der sogenannten Zonenrandförderung. Auch die struktur- und regionalpolitischen Fördermaßnahmen der EU konnten den Niedergang der oberfränkischen Porzellanindustrie und den dortigen Arbeitsplatzverlust nicht aufhalten. Ein weiteres Beispiel für den ökonomisch bedingten Strukturwandel wäre die bereits seit den 1960er-Jahren eingetretene Inrentabilität der Stahlerzeugung. Betroffen waren hiervon Stahlwerke, insbesondere im Ruhrgebiet, aber auch in anderen Regionen, z. B. die Maxhütte im oberpfälzischen Sulzbach-Rosenberg, deren Betrieb bis zum Jahr 2002 subventioniert und damit künstlich aufrechterhalten wurde.

- *systemisch-soziologische Ursachen und Folgen:* Der Übergang vom primären zum sekundären zum tertiären Sektor zwingt eine Gesellschaft dazu, ihren Bildungsstand den Bedürfnissen des jeweils höheren Sektors anzupassen. Auch infrastrukturelle Maßnahmen sind hierbei vonnöten.

Ein Beispiel hierfür bilden alle Regionen Bayerns, die nach dem Zweiten Weltkrieg noch vornehmlich agrarisch geprägt waren. Da die Nahrungsmittelproduktion relativ rasch rationalisiert werden konnte, wurden viele Arbeitnehmer freigesetzt. Der Mangel an Rohstoffen, der Bayern seit Beginn der Industrialisierung zum Nachteil gereicht hatte, sollte sich nun als Vorteil erweisen: Während Bundesländer wie z. B. Nordrhein-Westfalen oder das Saarland nach wie vor in die Kohle- und Stahlindustrie investierten, gelang in Bayern mithilfe staatlicher Strukturpolitik relativ schnell die Ansiedlung solcher Industriezweige, die nicht auf die Verarbeitung von Rohstoffen, sondern auf Bildung, Forschung und Entwicklung angewiesen waren. Dazu zählen der Maschinen- und Fahrzeugbau, die Luft- und Raumfahrttechnik, die Elektrotechnik, die Optik und die chemische Industrie.

Analyse des Strukturwandels in Ihrer Region:
Um den Strukturwandel in Ihrer Region vollständig erfassen zu können, sollten Sie verschiedenste Informationsquellen nutzen und im Team arbeiten. Folgende Arbeitsschritte bieten sich an:

- *Informations- und Materialsammlung:* Starten Sie mit der Lektüre des Wirtschaftsteils Ihrer Lokalzeitung oder einer überregionalen Zeitung (z. B. Frankfurter Allgemeine Zeitung, Süddeutsche Zeitung, Handelsblatt). Recherchieren Sie in Stadt- und Unternehmensprospekten oder im Internet (z. B. auf der Homepage der eigenen Gemeinde). Weitere Anlaufstellen wären:
  - Rathaus/Stadtverwaltung; dort: Stadtarchiv, Planungsamt und Amt für Wirtschaftsförderung
  - Arbeitsamt; dort: Statistisches Büro
  - Industrie- und Handelskammer (IHK), Handwerkskammer (HWK)
  - Geschäftsstellen der politischen Parteien und Gewerkschaften
  - Bibliotheken und private (sowie kirchliche) Archive
  - Zeitzeugenbefragungen

- *Materialsichtung:* Verschaffen Sie sich einen Überblick über das von Ihnen zusammengetragene Material, setzen Sie Schwerpunkte und formulieren Sie detaillierte Fragestellungen, die Sie bei Ihrer weiteren Untersuchung leiten sollen.

- *Arbeitsteilung:* Teilen Sie sich in Arbeitsgruppen auf, die sich jeweils mit einem ganz bestimmten Problem beschäftigen, etwa mit der Frage,
  - welche Art von Strukturwandel es in der Vergangenheit gab,
  - welche Ursachen dem Strukturwandel zugrunde lagen,
  - welche Probleme entstanden sind,
  - auf welchen künftigen Wandel sich Ihre Region wird einstellen müssen und
  - welche Probleme möglicherweise entstehen werden.

- *Auswertung:* Möglich ist z. B. die Simulation einer Strukturkonferenz, bei der Sie Ihre bisherigen Ergebnisse vorstellen und ggf. Experten hinzuziehen, die Sie bei Ihren Recherchen kennengelernt haben. Erarbeiten Sie gemeinsam Leitfragen zu den Entwicklungsperspektiven Ihrer Region:
  - Wie könnte die Zukunft in unserer Region aussehen?
  - Welche Entwicklungen müssten gefördert werden?
  - Welche Auswirkungen ergeben sich damit für unser eigenes Leben?
  - Was ist zu tun, was zu unterlassen?

- *Präsentation (S. 60 ff.):* Eine Möglichkeit besteht z. B. darin, Ihre Ergebnisse im Rahmen einer Fotoausstellung oder eines Videofilms zu zeigen.

Das ehemalige Hochofenwerk „Phoenix West" in Dortmund ist in buntes Licht getaucht. Rund 500 Scheinwerfer lassen das Industrie-Relikt im Februar 2004 für drei Nächte „erstrahlen". Das einst florierende Stahl- und Hüttenwerk hatte 1998 seine Produktion eingestellt.

3. Arbeitstechniken zur Fach-/Seminararbeit

3.1 Literaturauswertung und Lesetechniken

a) Literaturauswertung

Es ist eine große Kunst, den Berg an Literatur, den Sie im Rahmen Ihrer → **Literatur-** und/oder → **Internetrecherche** angehäuft haben, in eine feste Ordnung zu bringen. Karteikarten oder Zettel helfen Ihnen dabei, nicht die Übersicht zu verlieren. Grundsätzlich sollten Sie schon zu Beginn darauf achten, Ihre Materialsammlung so anzulegen, dass sie in einer späteren Arbeitsphase nicht noch einmal mühsam wiederholt werden muss.

Ihre Literatur lässt sich sehr gut auswerten, indem Sie die für Ihr Thema wesentlichen Stellen markieren. Entweder haben Sie Kopien Ihrer Literatur gemacht und arbeiten mit verschiedenfarbigen Textmarkern, oder Sie markieren bei Dateien den Text am Computer-Bildschirm. Es macht sicherlich wenig Sinn, die Texte an dieser Stelle bereits vollständig zu → **exzerpieren** bzw. sämtliche Ansichten der fremden Autoren in wörtlichen → **Zitaten** festzuhalten. Besser ist es, in eigenen Worten kurz den Zusammenhang des Textes zu notieren oder seinen Inhalt zu umschreiben. Achten Sie dabei stets auf die persönliche Nachvollziehbarkeit von Argumentationen, die sie später als indirektes Zitat in der Fach- bzw. Seminararbeit kenntlich machen können. Interessante Ergebnisse sind zu erwarten, wenn Sie später verschiedene Darstellungen zum gleichen Thema vergleichen und zueinander in Bezug setzen können. Der Wert wissenschaftlicher Erkenntnis lebt nämlich von der Diskussion und dem schriftlichen Austausch unterschiedlicher – allerdings gut begründeter – Standpunkte.

Ihre Technik der Literaturauswertung sollte sich nach dem Stand des Arbeitsprozesses richten. Je weiter fortgeschritten Sie beim Erstellen Ihrer Fach- oder Seminararbeit sind, desto gezielter werten Sie die Literatur aus. Folgende Tendenz sollten Sie beachten: Am Anfang lesen Sie Bücher von A bis Z, am Ende nur noch punktuell, dafür umso intensiver. Letztgenanntes gilt insbesondere, wenn der → **Aufbau** bzw. die Gliederung Ihrer Seminararbeit „stehen" und Sie Ihre Fragestellung präzisiert haben.

Arbeitsprozess	**Literaturauswertung**
Beginn	„Sammeln und Horten" (assoziativ)
nach Erstellen der Gliederung	gezielte Auswertung (Themenrelevanz der Literatur prüfen; irrelevante Literatur scheidet aus)
Präzisierung der Fragestellung	– Differenzierung von sehr wichtiger, wichtiger und weniger wichtiger Literatur – Ordnung der Literatur entlang der einzelnen Gliederungspunkte
„mitten im Schreibprozess"	ergänzende Literaturbeschaffung („weiterführende Literatur"); intensives, sehr zielgerichtetes Lesen

[1] **Literatur-Tipp mit praktischen Übungen zum besseren Lesen:**
Fred N. Bohlen/Gabriele A. Forster: Effizient lesen. Eine systematische Hilfe für alle, die zu viel zu lesen haben, Renningen 2008

b) Lesetechniken

Ständiges Lesen gehört zur Routine beim Schreiben einer Fach- bzw. Seminararbeit. Gerade, weil es eine Selbstverständlichkeit ist, machen sich viele Leute darüber kaum Gedanken. Das führt dazu, dass die Wenigsten nach dem Lesen detailliert wissen, was sie überhaupt gelesen haben.
Wir kennen verschiedene Arten des Lesens. Im frühen Stadium Ihrer Arbeit wird die Beschäftigung mit einzelnen Büchern meist noch auf das Überfliegen längerer Textstellen hinauslaufen. Dieses *kursorische Lesen* verfolgt das Ziel, einen Eindruck vom Stoff zu gewinnen und eine erste gedankliche Systematisierung und Gliederung entlang Ihrer Fragestellung vorzunehmen. Im nächsten Schritt der Auswertung geht es um das sorgfältige Durcharbeiten fremder Standpunkte, das *studierende Lesen:* Die Literatur wird gründlicher unter die Lupe genommen.

Der Blick für das Wesentliche: Beim Schreiben einer Fach- bzw. Seminararbeit stehen Sie vor der Herausforderung, aus einer Flut von Informationen auszuwählen und dabei zwischen Ballast und wichtigen Informationen klar zu trennen. Effektives und effizientes Lesen bedeutet, den „Leseballast" von Anfang an auszudünnen und nur die wichtigen Informationen herauszufiltern. Dazu gehört etwa, nicht jedes Buch von A bis Z durchzulesen, sondern lieber ganz bestimmte, für Ihre Arbeit und Ihre Argumentation wichtige Unterkapitel zu durchdringen. Oft hilft bereits ein genauer Blick auf das Inhaltsverzeichnis eines Buches, um sich unnötigen Aufwand zu ersparen.

Konzentriertes Lesen: Versuchen Sie, sich beim Lesen nicht von äußeren Einflüssen (z. B. Musik) ablenken zu lassen. Wenn Sie während des Lesens durch Anruf, SMS oder Besuch gestört werden, müssen sie meist von vorne anfangen. Die ganze Arbeit war dann vielleicht umsonst. Sie erhöhen Ihre Konzentrationsfähigkeit, indem Sie z. B. auch unnötige Lichtquellen im Raum ausschalten und unter Ihrer Arbeitsleuchte am Schreibtisch ganz bewusst nur Ihren Text fokussieren.

Blitz-Methode: Sie ermöglicht, schnell zu lesen und während des Lesens mitzudenken. Gedankliche Abschweifungen können so vermieden werden. Folgendes Vorgehen bietet sich an:
1. Schritt: Wo verstecken sich die für meine Arbeit essenziellen Hauptaussagen?
2. Schritt: Was will der Verfasser des Textes eigentlich ausdrücken?
3. Schritt: Welche Fakten und Argumente sind für meine Arbeit bedeutsam?
4. Schritt: Was kann ich für meine Arbeit verwenden und unter Umständen direkt umsetzen?

Textmarker: Wer sich wichtige Textstellen merken will, wird einen Text mehrmals lesen müssen. Hier kommen farbige Textmarker ins Spiel. Allerdings macht nur bewusstes Markieren Sinn. Markieren aufs Geratewohl stiftet eher Verwirrung und macht diese Technik wertlos.

Richtig markieren
- das Thema erfassen (Überschrift, Fettgedrucktes, Zusammenfassung)
- den Text lesen (kursorisch oder studierend)
- eine Pause einlegen; den Text überdenken
- den Text gezielt markieren
- den markierten Text evtl. mit handschriftlichen Ergänzungen versehen

Lesen am PC: Durch → **Internetrecherchen** landet eine Flut von Informationen auf Ihrem Bildschirm. Hier ist große Vorsicht geboten, denn bei Menschen, die länger am Computer sitzen, treten Belastungen der Augen auf. Es empfiehlt sich daher, Texte ausdrucken, denn damit gewinnen Sie einen besseren Überblick und können Korrekturen vornehmen oder „richtig markieren".

3.2 Umgang mit Texten

Politik kommt nicht ohne gesprochene oder geschriebene Texte aus. Viele Sachtexte aber sind auch nach dem ersten Durchlesen noch schwer zu verstehen. Es macht darum Sinn, sich einem Text systematisch zu nähern und seine Inhalte zu „erarbeiten". Folgende Schritte können dabei nützlich sein:

1. Schritt: die Frage nach dem „Was" (Gegenstand des Textes)

- Lesen Sie den Text zuerst langsam und gründlich durch und bereiten Sie ihn auf, indem Sie mithilfe eines farbigen Textmarkers unklare Stellen markieren. Kopieren Sie den Text ggf. vorher.
- Klären Sie danach (evtl. unter Verwendung eines Lexikons) die gekennzeichneten Problemstellen.
- Verfassen Sie anschließend ein → **Exzerpt** des Textes, bei dem Sie die Hauptaussagen des Autors bzw. der Autorin für jeden Absatz einzeln benennen.

2. Schritt: die Frage nach dem „Wie" (Textsorte und Textaufbau)

- Überlegen Sie zunächst, um welche Art von Text es sich handelt (Bericht, Nachricht, Reportage, Kommentar, → **Rede**, Interview, Gesetzestext etc.). Oft lassen sich bereits anhand der Textart erste Schlüsse zur Intention des Autors bzw. der Autorin ziehen.
- Der Aufbau des Textes ist daraufhin zu analysieren, ob es eine Ausgangsfrage gibt, die dann argumentativ logisch und überzeugend (Behauptung – Begründung – Beweisführung) erörtert wird, oder ob der Text eher darstellt, beschreibt, erklärt oder definiert und sich dabei an einer (unsichtbaren) Gliederung orientiert.

3. Schritt: die Frage nach dem „Womit" (Sprachstil)

- Zuerst sollten Sie den Text daraufhin untersuchen, ob er sich einer Fachsprache bedient (Fremdwörter etc.) oder ob er allgemeinverständlich geschrieben ist. So klären Sie, an welche Leserschaft der Text gerichtet ist (z.B. an eine Expertengruppe oder an breiteres Publikum).
- Prüfen Sie danach, ob der Autor/die Autorin auffallende stilistische Mittel verwendet. Auch an politischen Schlüsselbegriffen werden häufig inhaltliche Absichten erkennbar. Achten Sie dabei besonders auf das Mittel der Ironie (meint der Autor/die Autorin wirklich das, was er/sie sagt?).

4. Schritt: die Frage nach dem „Wozu" (Intention des Autors/der Autorin)

- Als erstes müssen Sie sich hier fragen, welche Intention der Text verfolgt: Will er einfach informieren oder will er den Leser beeinflussen oder von etwas argumentativ überzeugen? Ist letzteres der Fall, wäre zu fragen, welche konkrete Botschaft der Text vermittelt.
- Die Aussageabsicht eines Autors bzw. einer Autorin erschließt sich häufig über dessen bzw. deren politischen (oder ideologischen) Standpunkt. Oft genügt das verwendete Vokabular (siehe 3. Schritt), die Kenntnis des Organs, in dem er/sie veröffentlicht (z.B. eine Zeitschrift), oder der Organisation, der er/sie angehört, (z.B. eine politische Partei), um diesen Standpunkt herauszufinden.
- Eine weitere Möglichkeit, die Intention des Autors bzw. der Autorin zu erschließen, besteht in der Bestimmung der Zielgruppe, an die sich der Text richtet.

Auf S. 27 sind zwei Beispieltexte zum Thema Grundrechtsschutz und Religionsfreiheit abgedruckt. Wie die Untersuchung der beiden Texte gemäß der hier gezeigten Methode aussehen könnte, lesen Sie auf S. 28.

Text 1:

Bundestag billigt Gesetz zur Beschneidung

Der Bundestag hat mit den Stimmen der Koalition und vieler Oppositionsabgeordneter die Beschneidung von Knaben gesetzlich geregelt. Das Gesetz sieht vor, dass die Personensorge der Eltern grundsätzlich auch das Recht umfasst, bei Einhaltung bestimmter Anforderungen in eine nicht medizinisch indizierte Beschneidung ihres nicht einsichts- und urteilsfähigen Sohnes einzuwilligen. Dies soll nur dann nicht gelten, wenn im Einzelfall durch die Beschneidung auch unter Berücksichtigung ihres Zwecks das Kindeswohl gefährdet wird. Überdies dürfen Knaben in den ersten sechs Monaten nach der Geburt auch von Personen beschnitten werden, die von einer Religionsgesellschaft dazu vorgesehen und dafür besonders ausgebildet sind.

Die Entscheidung fiel mit 434 Ja-Stimmen bei 100 Gegenstimmen und 46 Enthaltungen. Änderungsanträge, die darauf zielten, die Frist zur Beschneidung durch Nicht-Ärzte auf das Lebensalter von zwei Monaten oder zwei Wochen zu verkürzen, wurden von den Koalitionsfraktionen nicht unterstützt. Ein Gesetzentwurf der SPD-Abgeordneten Rupprecht und weiterer Oppositionsabgeordneter, die das Mindestalter für Beschneidungen generell auf 14 Jahre heraufsetzen wollten, fand gleichfalls nicht die Zustimmung der Regierungsmehrheit. [...]

Aus: FAZ.NET, www.faz.net vom 12.12.2012 v. Johannes Leithäuser, www.faz.net/aktuell/politik/inland/abschliessende-debatte-bundestag-billigt-gesetz-zur-beschneidung-11991251.html [06.08.2018]

Text 2:

Religion braucht kein Messer

Der Diskurs wird seltsam leise geführt auf der Seite der Juristen, abwartend wortkarg seitens der Mediziner; wortreich empört und herausgefordert dagegen zeigen sich Muslime und Juden, achselzuckend und schweigend verharrt die Seite des christlichen Publikums; pflichtschuldigst ein schnelles Zurückrudern kündigen verschreckte Politiker aus fast allen Parteien an, irgendwie müsse man da was machen, neu regeln, juristisch anders fassen, das Ganze geschickt deichseln. Damit möglichst alles bleiben kann, wie es war.

Viele suggerieren, die Sicht auf die Dinge sei trüb wie im Dampfbad. Falsch. Die Sache ist politisch-gesellschaftlich so klar wie eine von beiden Seiten frisch geputzte Glasscheibe. Die Kölner Richter haben halt nur an etwas erinnert, was der politischen Korrektheit nicht passt [...]. Das Grund- und Menschenrecht auf körperliche Unversehrtheit, das Grundrecht der individuellen Selbstbestimmung gilt nicht nur ein wenig, manchmal ein bisschen, mitunter gar nicht, und überhaupt am besten im Wesentlichen immer dann, wenn wir es gut finden, wenn es uns passt und es traditionelle Handlungen nicht wirklich stört.

Nein, so [...] geht man mit Grundrechten nicht um. Ganz und gar so, wie niemand ein bisschen tot oder ein bisschen schwanger ist, so ist Selbstbestimmung keine Sache von vierzig Prozent, von sechzig oder achtzig Prozent Wirklichkeitsgrad. [...]

Niemand schneidet bitte irgendwann irgendwem irgendetwas ab ohne dessen konkrete persönliche Einwilligung. Jemand, der in symbolischer Überhöhung auf einen Teil seines Körpers verzichten will, wird schon Bescheid sagen. Allerdings dann, wenn er volljährig ist und Herr seines Geistes. Exakt dies entspricht den Menschenrechten unseres Grundgesetzes sowie dem Menschenrechtskatalog der Vereinten Nationen.

Quelle: Kommentar von Paul-Hermann Gruner, in: Cicero Online, www.cicero.de/innenpolitik/religion-braucht-kein-messer/51389 vom 30.7.2012; Zugriff am 13.08.2018

Zu Text 1 (S. 27):

1. Schritt (Exzerpt): Der Bundestag hat auch mit Stimmen der Opposition die Beschneidung von Jungen geregelt. Das Gesetz erlaubt die Beschneidung unter Beachtung bestimmter Anforderungen: So darf das Kindeswohl nicht gefährdet werden und die Beschneidung muss von Personen vorgenommen werden, die dafür besonders ausgebildet sind. Nach Vollendung des sechsten Lebensmonats dürfen nur noch Ärzte den Eingriff vornehmen.

Änderungsanträge der Opposition, die ein Beschneiden durch Ärzte schon ab dem 2. Lebensmonat vorsieht, wurden von der Regierungskoalition ebenso nicht unterstützt wie eine Genehmigung der Beschneidung erst ab dem 14. Lebensjahr.

2. Schritt (Textart): Es handelt sich um einen Bericht. Die Intention des Autors/der Autorin ist es, sachlich über die Abstimmung im Bundestag zu informieren. Eine Wertung des Abstimmungsverhaltens oder des Gesetzesentwurfs findet nicht statt.

Der Text ist in zwei Abschnitte gegliedert: Im ersten Abschnitt wird der Leser über den Inhalt des Gesetzes informiert, im zweiten Teil wird über das Abstimmungsergebnis und nicht realisierte Änderungswünsche am Gesetz berichtet.

3. Schritt (Sprachstil): Z. T. befinden sich im Text Fachbegriffe aus dem Bereich der Politik (Koalition, Opposition); insgesamt aber ist der Text allgemeinverständlich geschrieben und richtet sich damit an eine politisch interessierte breite Öffentlichkeit. Der manchmal etwas komplizierte Satzbau (zum Beispiel in Zeile 2–4) in Verbindung mit der Wortwahl (Fremdwörter) lässt auf ein gebildetes Publikum – die Zielgruppe der FAZ – schließen.

4. Schritt (Intention des Autors/der Autorin): Der Text will nur informieren; der Versuch einer Einflussnahme auf die Meinung des Lesers ist in keiner Passage zu erkennen. Auch das Vokabular ist neutral.

Zu Text 2 (S. 27):

1. Schritt (Exzerpt): Der Autor wirft Juristen und Medizinern vor, sich in der Debatte um die Beschneidung zu stark zurückzuhalten, während Moslems und Juden lautstark ihr vermeintliches Recht einfordern. Die Mehrheit der (christlichen) Deutschen äußert sich gar nicht, während Politiker die Beschneidung weiterhin ermöglichen wollen.

Für den Autor ist hingegen klar, dass das Recht auf körperliche Unversehrtheit für alle immer uneingeschränkt gilt. Daher verurteilt er den scheinbar falschen Umgang mit den Grundrechten und damit die Erlaubnis zur Beschneidung vehement. Er fordert, dass eine Beschneidung aus religiösen Gründen grundsätzlich erst bei Eintritt der Volljährigkeit vom Betroffenen selbst entschieden werden sollte.

2. Schritt (Textart): Bei dem Text handelt es sich um eine Glosse. Der Begriff Glosse kommt aus dem Altgriechischen und bedeutet übersetzt so viel wie ein kurzer Meinungsbeitrag. Die Glosse ist eine Art des Kommentars, die sich allerdings durch Stilmittel wie Ironie und Satire unterscheidet.

3. Schritt (Sprachstil): Wie bereits oben angedeutet, ist der Sprachstil typisch für eine Glosse:

- Ironie findet sich im ganzen Text (zum Beispiel „gelegenheitsethisch" in Zeile 14),
- Satirisch ist der Text etwa in Zeile 19 („Niemand schneidet bitte irgendwann irgendwem irgendetwas ab…),
- die Argumentation ist zugespitzt („niemand [kann] ein bisschen tot" sein, Zeile 15 f.),
- Schlusspointe („Jemand, der in symbolischer Überhöhung auf einen Teil seines Körpers verzichten will, wird schon Bescheid sagen", Zeile 20 f.),
- häufiger Gebrauch sprachlicher Mittel, zum Beispiel Alliteration („irgendwann irgendwem irgendetwas", Zeile 19) oder bildreiche Sprache (Vergleich in Zeile 7: „trüb wie im Dampfbad"),

Der Gebrauch von Fachsprache ist nicht zu erkennen. Der Text richtet sich an ein breites, gebildetes Publikum, das in der Lage ist, die Ironie im Text zu begreifen und zu schätzen.

4. Schritt (Intention des Autors): Die Intention des Autors ist es, den Leser auf seine Seite zu ziehen.

3.3 Anregungen zur Auswertung von Filmen

Die Analyse bzw. das → **Transkribieren** eines (Spiel-)Films sollte mindestens die dramaturgischen Einheiten erfassen. Den Handlungsablauf (Plot) sollten Sie hierzu in Sequenzen und Subsequenzen unterteilen. Ziel ist es, den Film zunächst in eine lineare Form zu bringen, um hernach seine

- Schauplätze und Personen,
- seine Sprache und Musik,
- die Lichtführung und Farbgebung,
- die Special Effects,
- den Filmschnitt sowie
- die Kameraaktivitäten analysieren zu können.

Auszug aus einem Sequenzprotokoll zum Spielfilm „Psycho" (USA, 1960; Regie: Alfred Hitchcock; Länge: 109 Minuten; in der Hauptrolle: Anthony Perkins):

01:52	*Sequenz 1*	Exposition: Stadtpanorama
13:07	*Sequenz 2*	Wagentausch mit Polizeiverfolgung
25:34	*Sequenz 3*	Marion Crane und Norman Bates: Motelrezeption und Abendessen
43:54	*Sequenz 4*	Ermordung von Marion im Motel („Duschszene")
57:36	*Sequenz 5*	Sam Loomis, Lila Crane und Detective Milton Arbogast (Laden, Suche nach Marion, Gespräch im Motel)

Neben dem Sequenzprotokoll können Sie ein Einstellungsprotokoll erstellen, das Kamera und Ton ausführlich berücksichtigt. Um zu vermeiden, dass Ihre Filmanalyse „überkomplex" wird, sollten Sie jedoch nur zu ausgewählten „Schlüsselszenen" ein detailliertes Einstellungsprotokoll aufnehmen. Ein solches umfasst

- die fortlaufende Nummerierung der einzelnen Einstellungen,
- die Länge der einzelnen Einstellungen in Sekunden,
- die Kameraaktivitäten (Einstellungsgröße, Kamerabewegungen und -perspektiven [Schwenk, Halbtotale, Totale, Parallelfahrt]),
- die Beschreibung des Bildinhalts und des Handlungsablaufs sowie
- den Tontrakt (Dialoge, Kommentare, Geräusche, Musik etc.).

Gehen Sie davon aus, dass der Leser Ihrer Analyse den Film zumindest schon einmal gesehen hat. Auch wenn die konkrete Gliederung immer vom individuellen oder fachlich bestimmten Erkenntniswert abhängt, bietet sich doch folgendes grundlegendes Analyseraster für eine Filmanalyse an:

1. **Inhaltsbeschreibung:** kurzer Abriss zum Handlungsablauf als Erinnerungshilfe;
2. **Problematisierung und Fragestellung:** Darstellung der inhaltlichen und formalen Auffälligkeiten des Films; erste subjektive Einschätzungen; Bezüge zu anderen/ähnlichen Filmen;
3. **Formal-inhaltliche Bestandsaufnahme:** Sequenz- bzw. Einstellungsprotokoll;
4. **Analyse und Interpretation:** Sequenz übergreifende Untersuchung; Ermittlung der vom Regisseur/ Produzenten beabsichtigten Wirkung;
5. **Historische Verankerung und Rezeption:** Funktionsbestimmung des Films (z. B. Gesellschaftskritik, Unterhaltung, Kunst); Bezug z. B. zu historischen/kulturellen Grundlagen des Stoffs;
6. **Verallgemeinerung:** Zusammenfassung der wichtigsten Ergebnisse und Bewertung.

3.4 Anregungen zur Auswertung von Statistiken

Das moderne Leben ist ohne Statistiken nicht mehr vorstellbar: Kaum eine Woche vergeht, in der in den Medien nicht von statistischen Auswertungen die Rede ist. Vor allem in der Wissenschaft und in der Politik stellen Statistiken einen wichtigen Bestandteil der Kommunikation dar, liefern aktuelle und punktgenaue Informationen und dienen in Diskussionen und öffentlichen Debatten der Untermauerung eigener Ansichten.

Statistisches Material kann dem Interessierten in zwei verschiedenen Formen begegnen: als *Tabelle* oder → **visualisiert** als *Diagramm*. Diagramme veranschaulichen die in Tabellen dargestellten Ergebnisse und sind daher übersichtlicher und leichter zu rezipieren; andererseits aber gelingt es ihnen manchmal nicht, Ergebnisse so detailliert zu beschreiben wie Tabellen. Bei der Analyse von Statistiken empfiehlt sich ein Vorgehen in drei Schritten:

1. Beschreibung
- Was ist das Thema des Diagramms bzw. der Tabelle?
- Wer ist der Hersteller bzw. der Auftraggeber der Statistik? Welche Rückschlüsse lässt dies zu? Auf welchen Quellen gründet das Material?
- In welcher grafischen Darstellungsform begegnet Ihnen das Material (Tabelle oder Diagramm)?
- Welche Bezugsgrößen werden verwendet (z. B. Anzahl der ausländischen Arbeitnehmer in der Bundesrepublik/in Ihrem Bundesland/in Ihrem Landkreis)?
- Wie werden die Bezugsgrößen definiert (d. h., was versteht man unter dem Begriff „ausländischer Arbeitnehmer“)?
- Um welche Zahlenarten handelt es sich (Angaben in Prozent/absoluten/gerundeten Zahlen)?
- Wo zeigen sich Leerstellen in der Erhebung? Welche Daten werden nicht repräsentiert oder erfasst?
- Welcher Zeitraum wird durch die Erhebung abgedeckt?

2. Analyse
- Welche Aussagen lassen sich aus dem statistischen Material ableiten? Lassen sich Kern- und Nebenaussagen unterscheiden?
- Welche Art von Antworten bekommen Sie von der Statistik? Beantworten diese Ihre Fragen?
- Welche Besonderheiten bzw. Auffälligkeiten bemerken Sie?
- Welche Thesen werden gestützt bzw. einer kritischen Analyse unterworfen?

3. Kritische Bewertung
- Erkennen Sie etwaige Unklarheiten oder Ungenauigkeiten?
- Ist die Statistik in sich stimmig und logisch aufgebaut?
- Wie aktuell sind die Zahlen bzw. Daten? Sind sie aktuell genug?
- Ist der abgedeckte Zeitraum für die Beantwortung Ihrer Fragen bzw. für die Erlangung wissenschaftlicher Erkenntnisse adäquat?
- Welche Aussageabsicht könnte der Verfasser der Statistik im Auge gehabt haben?
- Welcher Maßstab bzw. welche Proportionen wurden verwendet?

„Ich glaube keiner Statistik, die ich nicht selbst gefälscht habe“. Dieses dem ehemaligen britischen Premierminister Winston Churchill (1874 – 1965) oftmals zugesprochene Zitat spielt darauf an, dass gerade die kritische Bewertung einer Statistik eines besonderen Augenmerks bedarf.

Viele Statistiken werden im Sinne des Verfassers oder Auftraggebers manipuliert oder gar gefälscht. Bei unseriösen oder schlecht ausgebildeten Statistikern können Unkenntnis, unvollständige Datenerhebungen oder falsche → **Fragetechnik** zur Verzerrung von Ergebnissen führen; inkorrekte Ergebnisse stellen sich beispielsweise bei Suggestivfragen ein („Sie sind doch auch dafür, dass die Löhne steigen, oder?“).

Die Art von Manipulation, die den Betrachter/die Betrachterin am stärksten irritieren kann, besteht jedoch in der bewussten grafischen „Verzerrung“ von Ergebnissen. Vergleichen Sie hierzu die folgenden Liniendiagramme:

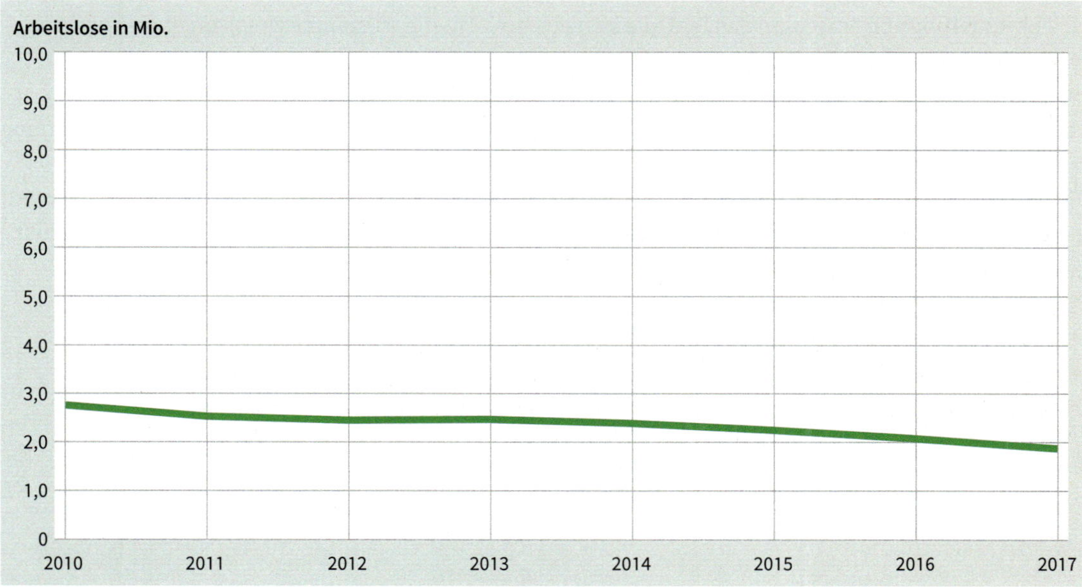

3.5 Anregungen zur Auswertung von Fotografien

Fotos sind Mittel gesellschaftlicher und politischer Kommunikation wie Texte oder Grafiken und entstehen in einem bestimmten politischen, gesellschaftlichen und ökonomischen Kontext. Sie enthalten alles, was das Objektiv der Kamera in Bruchteilen von Sekunden erfasst. Daher gelten Fotos zunächst als objektiv. Fotos sind in ihrer Wirkung aber zugleich auch höchst subjektiv, d. h. vom Fotografen und dem Betrachter abhängig:

- Sie werden vom Standort des Fotografen aus aufgenommen und vermitteln seine Perspektive.
- Die Technik der Kameras und der Bildentwicklung bieten darüber hinaus Möglichkeiten, Bilder der Wirkungsabsicht entsprechend zu gestalten, bis hin zu „neuen Wirklichkeiten".
- Betrachter stellen die Bilder im Kopf gleichsam noch einmal her, indem sie z. B. nur Teile der abgebildeten Objekte wahrnehmen und sie mit ihren Vorstellungen verbinden.

Bedenkt man den historischen Kontext und die Wirkungsbedingungen von Bildern, so lässt sich folgendes Modell für die Analyse entwerfen:

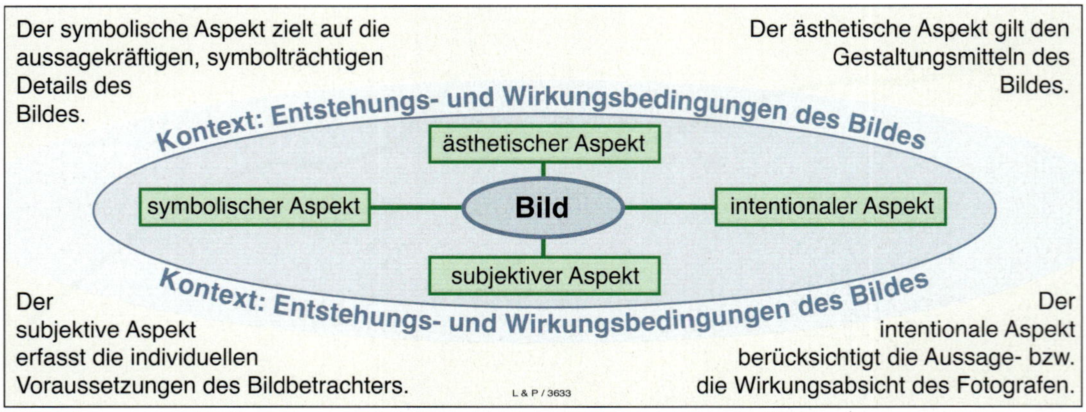

Bei der Bildauswertung können folgende Schritte gegangen werden:

- offene Formulierung erster Reaktionen auf ein Bild;
- Formulierung von Fragen an das Bild, die sich aus dem Themenzusammenhang ergeben;
- Zusammenstellung der Aussagen, die das Bild für die Fragestellung liefert;
- Suche nach der Botschaft des Bildes über die Betrachtung der gestalterischen Elemente.

Am Ende einer Bildauswertung kann die Entscheidung stehen, mit der eigenen Kamera eine Entgegnung auf das untersuchte Bild zu liefern.

Eine besondere Gattung der Fotografie (und der Malerei) sind Porträts. Bei ihnen stellen sich Fotograf (Maler) und Modell auf das Bild ein. Die Auswertung von Porträts erfordert daher spezielle Fragestellungen, z. B. folgende:

- In welcher Umgebung, mit welchen Requisiten/in welcher Kleidung wird die Person abgebildet?
- Aus welcher Perspektive und in welchem Ausschnitt wird die Person gezeigt?
- Welche Botschaft vermitteln Körperhaltung und Gesichtsausdruck?
- Wie reagieren Betrachter auf das Bild (Empfindungen und Assoziationen)?

Auf S. 33 finden Sie Beispiele für unterschiedliche Bildtypen abgedruckt.

Straßenkinder der philippinischen Stadt Cebu City

Bundeskanzler Helmut Kohl (links) und der sowjetische Staats- und Parteichef Michail Gorbatschow reichen sich am 10. Februar 1990 in Moskau die Hände

Foto einer Großfamilie

3.6 Exzerpieren und Transkribieren

a) Exzerpieren

Nachdem Sie sich im Rahmen einer → **Literatur-** oder → **Internetrecherche** eine breite Basis an Literatur beschafft haben, prüfen Sie das Material im nächsten Arbeitsschritt auf dessen Kompatibilität zu Ihrem Thema. Dazu überlegen Sie sich einige für Sie wichtige Stichworte und lesen das Material „quer", d. h. Sie überfliegen jede Seite zunächst mit Blick auf die von Ihnen definierten Schlüsselwörter. Werden Sie fündig, so notieren Sie die entsprechende Seite aus dem Schriftstück auf einer Karteikarte, um diese dann später vertieft zu lesen. „Querlesen" erfordert einen hohen Konzentrationsgrad, da Sie pro Seite nicht mehr als zehn Sekunden veranschlagen sollten, um zügig voranzukommen. Die zweite „Filterung" der Literatur erfolgt beim vertieften Lesen der vorher gekennzeichneten Seiten.

Die Literatur, die Sie als brauchbar definiert haben, wird in der nächsten Phase *exzerpiert,* d. h. der betreffende Text(ausschnitt) wird in seinen wichtigsten Aussagen oder Thesen zusammengefasst, entweder in Stichworten oder in ganzen Sätzen. Vergessen Sie dabei nie, sich auf jedem Exzerptbogen Autor, Kurztitel, ggf. Erscheinungsjahr sowie Seitenzahl zu notieren. So ersparen Sie sich später zeitaufwändiges Suchen. Das Exzerpieren von Texten haben Sie im Fach Deutsch seit der 7. Klasse bei Textzusammenfassungen und Inhaltsangaben eingeübt; es sollte Ihnen also relativ rasch von der Hand gehen. Textpassagen, die Sie für wörtliche → **Zitate** verwenden, kennzeichnen Sie entweder mit Textmarker und vermerken diese samt Seitenzahl auf Ihrem Exzerpt – oder Sie übernehmen das Zitat, wenn es kurz ist, gleich in das Exzerpt, um sich das spätere Nachschlagen zu ersparen bzw. um zu verhindern, dass Sie den Fundort des passenden Zitats vergessen.

Am folgenden Text (aus dem Fach Ethik) lässt sich die Methode des Exzerpierens veranschaulichen:

Text: Heiko Ernst: Die Kunst, mit sich allein sein zu können

Der Mensch, so definierte Aristoteles, ist „das soziale Tier": Er kann nicht allein existieren. Die Beziehungen zu anderen Menschen sind die Grundlage seines Überlebens, seines Wohlbefindens und, im günstigsten Falle, auch seines Glücks. Die Psychologie sieht den Menschen ebenfalls in erster Linie als Beziehungswesen – von Geburt an angewiesen auf den engen Kontakt zu anderen und eingebunden in mehr oder weniger dichte soziale Netze: Ein Mangel an sozialer Bindung ist zu jedem Lebenszeitpunkt problematisch, und die Unfähigkeit oder gar Unwilligkeit, sich auf andere einzulassen, erregt Misstrauen.

Das auf Sozialkontakten gründende Menschenbild verstellt den Blick auf eine völlig unterschätzte, viel zu oft ignorierte Tatsache: Das Alleinsein ist ein gleichrangiges, ebenso vitales Bedürfnis wie das nach sozialem Kontakt und Bindung. Wir brauchen lebensnotwendig Auszeiten vom sozialen Leben – und müssen uns von der Außenwelt distanzieren können. Ohne die Gelegenheit und ohne die Fähigkeit, „in uns zu gehen" und von Zeit zu Zeit ganz für sich und ganz bei sich zu sein, können wir kein stabiles Selbst entwickeln. Das Allein-sein-Können ist die notwendige Voraussetzung für Selbsterkenntnis und Selbstregulierung, für seelisches Wachstum und Kreativität. Mehr noch: Gute und dauerhafte soziale Beziehungen gelingen uns nur, wenn wir unser tief verwurzeltes Bedürfnis nach Gemeinschaft und Kontakt in Balance bringen zur ebenso wichtigen Alleinzeit.

Ein Mangel an Alleinzeit macht uns auf lange Sicht unzufrieden, unglücklich und krank. Viele Zeitkrankheiten – allen voran Depression und Hyperaktivität – entstehen, weil wir permanent von den Wünschen und Zumutungen der Mitmenschen umzingelt sind. Aus Erschöpfung und Zeitmangel kommen wir nicht mehr dazu, uns mit uns selbst zu beschäftigen. Die schier unbegrenzten Kontaktmöglichkeiten der Kommunikationsgesellschaft wollen genutzt sein – und fressen uns allmählich auf. Wir leben heute im Online-Modus, sind ständig erreichbar und vernetzt. Es gibt praktisch keine eigene Zeit mehr; jeder freie Augenblick wird zu einer Gelegenheit, eine andere Verbindung zu knüpfen. [...]

Aus: Ernst, H.: Die Kunst, mit sich allein sein zu können, in: Psychologie Heute compact 13 (2005), Beltz, Weinheim, S. 64 ff.

Exzerpt:

- Mensch als Wesen, das auf soziale Bindungen angewiesen ist;
- Mangel an sozialer Bindung erregt Misstrauen; Mensch braucht aber ebenso das Alleinsein;
- *Anmerkung: Übernahme des 1. Satzes im 2. Absatz als wörtliches Zitat (Ernst 2005, S. 64);*
- ohne „Allein-sein-Können“: weder Entwicklung eines stabilen Selbst noch Aufbau dauerhafter sozialer Beziehungen möglich; weitere Folgen: Unzufriedenheit, Krankheit (z. B. Depressionen);
- *Problem:* Die Kontaktmöglichkeiten der Kommunikationsgesellschaft und die Ansprüche der Mitmenschen erschöpfen das Individuum – ihm fehlen schlicht Zeit und Kraft für das Alleinsein.

b) Transkribieren

Wenn Sie ein selbst aufgenommenes Interview (z. B. aus einer → **Expertenbefragung**) oder eine Audioquelle für Ihre Fach- oder Seminararbeit nutzen möchten, so müssen Sie, nachdem Sie das Material als brauchbar eingestuft haben, alles wortwörtlich und ohne Kürzungen in die Schriftform übertragen, also *transkribieren.* Auch grammatikalisch falsche Formulierungen oder falsch gebrauchte Wörter müssen so übernommen werden, wie Sie sie gehört oder aufgezeichnet haben. Inwiefern das Interview im Falle des Dialektgebrauchs Ihres Gesprächspartners in das Hochdeutsche transferiert werden muss, sollten Sie rechtzeitig mit Ihrem Kursleiter klären. Nach der Transkription exzerpieren Sie das Material und verfahren analog zu obiger Darstellung.

Vergessen Sie im → **Anhang** Ihrer Arbeit nicht, das Interview bzw. die Audioquelle sowohl im Original als auch in transkribierter Form beizulegen. Bei Zitaten oder sinngemäßen Übernahmen müssen Sie auch hier entsprechende Angaben in den → **Fußnoten** machen.

Anhand des folgenden Auszugs aus einem Interview (im Fach Geografie) lässt sich die Methode des Transkribierens veranschaulichen:

Interview mit N. N., vom 18.3.2018 zum Thema „Menschlich verursachter Klimawandel?“:

Interviewer: Was kann der Einzelne gegen den anthropogenen Treibhauseffekt tun?

N. N.: Gegen wen?

Interviewer: Gegen den menschlich verursachten Klimawandel.

N. N.: Naja, also, viel’ Leud’ machen sich zum Dhema Umweldschudz ja überhaupd keine Gedang’n. Mir dun dahamm wenigstens unsern Müll drennen, versuchen, wo’s gehd, Wasser zu sparn, also z. B. beim Blumengießen im Gaddn, und schald’n Elekdrogeräde aus, nachdem ma se benutzt hamm. Bloß – ich kann mich ja auch ned die ganze Zeid nur für die Umweld einsetzen, ich mein’, mir le’m hald in einer schnelllebichen Zeid und hamm alle viel zu dun ...

Transkript: Verwertbar für die Arbeit ist hier vermutlich nur die Erkenntnis, dass der Befragte ein gewisses Umweltbewusstsein besitzt, konkrete umweltfreundliche Maßnahmen jedoch seinem modernen Lebensstil unterordnet. Außerdem war die → **Fragetechnik** des Interviewers nicht optimal, denn Fremdwörter oder Fachausdrücke gilt es im Interview nach Möglichkeit zu vermeiden.

3.7 Eine Rede analysieren

Wenn Sie Ihre Fach- bzw. Seminararbeit in einem gesellschaftswissenschaftlichen Fach wie Geschichte, Sozialkunde, Wirtschaft und Recht oder Religion/Ethik schreiben, werden Sie im Rahmen Ihrer → **Literatur-** oder → **Internetrecherche** immer wieder auf gesprochene Texte stoßen. Speziell in den Sprachenfächern (Deutsch, Englisch etc.) kann die Analyse einer Rede auch Teil Ihrer Fragestellung sein. Eine Rede hat die Zustimmung der Hörer zum Ziel und muss daher neben dem Verstand auch deren Emotionen ansprechen. Folgende Punkte helfen Ihnen, Reden zu analysieren:

US-Präsident Trump nach seiner Vereidigung vor dem Kapitol in der Inaugural Address am 20. Januar 2017

- *Anlass und Adressat der Rede:* Aus dem historischen, gesellschaftlichen oder politischen Kontext und der konkreten Redesituation lassen sich später wertvolle Schlüsse zu Aussageabsicht und Zielgruppe ziehen. Ordnen Sie die Rede vor ihrem zeitgeschichtlich-politischen Hintergrund ein: Wo und wann bzw. zu welchem Anlass wurde die Rede gehalten? In welcher Tradition steht sie? An wen richtet sich die Rede? Sind Medien einbezogen, und falls ja, welche?
- *Art der Rede:* Hier sind verschiedenste Möglichkeiten denkbar. Handelt es sich um eine Programmrede, Gedenkrede, Parteitagsrede etc.?
- *Sachinhalte:* Einen zentralen Stellenwert hat die Frage nach den Inhalten der Rede: Welche Sachverhalte werden angesprochen? Welche Kernaussagen werden gemacht?
- *Argumentation:* Analysieren Sie die Sinneinheiten der Rede: Wie ist der Gedankengang gegliedert? Ist ein „roter Faden" erkennbar? Welche Argumente verwendet der Redner? Welche Thesen werden aufgestellt? Welche Schlussfolgerungen werden gezogen?
- *Sprache und Syntax:* Filtern Sie Schlüsselwörter aus der Rede heraus und prüfen Sie die Häufigkeit einzelner Begriffe. Sie können so das Anliegen der Rede besser nachvollziehen. Wird Hoch- oder Umgangssprache verwendet? Ist die Syntax kompliziert oder einfach? Wie ist der Ton der Rede (feierlich, sachlich, kämpferisch, ermutigend etc.)?
- *Zielsetzung (Intention):* Bei der Analyse einer Rede gilt es, stets die Absicht zu hinterfragen, die hinter der Rede steht: Wem oder wozu dient die Rede – zur Aufwertung der eigenen Position, zur Abwertung der gegnerischen oder zum Ausgleich gegensätzlicher Sichtweisen? Soll ermutigt, informiert, kritisiert, appelliert oder polarisiert werden?
- *Rhetorik:* Welche rhetorischen Mittel enthält die Rede (Metaphern, Ironie, rhetorische Fragen etc.) und welche Wirkung erzielen diese? Welche Emotionen werden geweckt?
- *Bewertung:* Bilanzieren Sie die Rede: Welche Grundeinstellung des Redners bzw. welche Weltsicht (Ideologie) wird deutlich? Hat die Rede unter Berücksichtigung ihres Anlasses ihren Zweck erfüllt? War sie überzeugend, mitreißend, einprägsam?

Auf S. 37 finden Sie Auszüge aus der Inaugural Address des US-Präsidenten Donald Trump, die Sie gemäß der hier vorgestellten Methode analysieren können.

US-Präsident Donald Trump in seiner Inaugural Address am 20. Januar 2017

[...] Wir, die Bürger Amerikas, sind nun in einer großen nationalen Anstrengung geeint, unser Land wiederaufzubauen und seine Hoffnung für unser ganzes Volk wiederherzustellen. Gemeinsam werden wir den Kurs Amerikas und der Welt für viele, viele Jahre lang bestimmen. Es wird Herausforderungen und schwierige Situationen geben, aber wir werden es schaffen.
Alle vier Jahre kommen wir auf diesen Stufen für die geordnete und friedliche Machtübergabe zusammen. [...] Die heutige Zeremonie jedoch hat eine ganz besondere Bedeutung. Denn heute übergeben wir die Macht nicht nur von einer Regierung an die andere oder von einer Partei an die andere, sondern wir nehmen die Macht von Washington D.C. und geben sie an euch, das Volk, zurück. Zu lange hat eine kleine Gruppe in der Hauptstadt unseres Landes von der Regierung profitiert, und das Volk hat die Kosten getragen. Washington blühte, aber das Volk hat nichts von dem Reichtum gehabt. Politikern ging es gut, aber die Arbeitsplätze wanderten ab und die Fabriken schlossen. Das Establishment schützte sich selbst, aber nicht die Bürger unseres Landes. Ihre Siege waren nicht eure Siege, ihre Triumphe waren nicht eure Triumphe. Und während sie in der Hauptstadt unseres Landes feierten, gab es für Familien am Existenzminimum in unserem ganzen Land wenig zu feiern. All das ändert sich hier und jetzt. Denn dieser Augenblick ist euer Augenblick. Er gehört euch. Er gehört allen, die heute hier versammelt sind, und allen, die in ganz Amerika zuschauen. Dies ist euer Tag, dies ist eure Feier, und dies, die Vereinigten Staaten von Amerika, ist euer Land. [...]
Amerikaner wollen tolle Schulen für ihre Kinder, sichere Wohngegenden für ihre Familien und gute Jobs für sich selbst. Dies sind gerechtfertigte und vernünftige Forderungen von rechtschaffenen Menschen und einer rechtschaffenen Öffentlichkeit. Doch für zu viele unserer Bürger gibt es eine andere Realität: Mütter und Kinder, die in unseren innerstädtischen Problemvierteln in Armut gefangen sind; verrostete Fabriken, die wie Grabsteine über die Landschaft unserer Nation verstreut liegen; ein Bildungssystem, das genug Geld hat, das aber unsere jungen und schönen Schüler jeglichen Wissens beraubt; und das Verbrechen und die Banden und die Drogen, die zu viele Leben gestohlen und unserem Land so viel unerfülltes Potenzial genommen haben. Dieses Massaker Amerikas endet hier und jetzt. Wir sind eine Nation, und ihr Schmerz ist unser Schmerz. Ihre Träume sind unsere Träume. Und ihr Erfolg wird unser Erfolg sein. Wir teilen ein Herz, eine Heimat und ein ruhmreiches Schicksal. Der Amtseid, den ich heute schwöre, ist ein Treueeid an alle Amerikaner.
Viele Jahrzehnte lang haben wir ausländische Industrien auf Kosten der amerikanischen Industrie reicher gemacht; die Armeen anderer Länder finanziell unterstützt, während wir unsere eigene Armee ausgehungert haben. Wir haben die Grenzen anderer Länder verteidigt, aber uns geweigert, unsere eigene zu verteidigen. Wir haben Billionen und Aberbillionen von Dollar im Ausland ausgegeben, während die amerikanische Infrastruktur zerfallen ist. Wir haben andere Länder bereichert, während sich der Reichtum, die Stärke und das Selbstbewusstsein unseres eigenen Landes sich über dem Horizont aufgelöst hat. [...] Aber das ist Vergangenheit. Jetzt blicken wir nur in die Zukunft. Wir sind heute hier zusammengekommen, um ein neues Dekret zu erlassen, das man in jeder Stadt, in jeder ausländischen Hauptstadt und in jedem Machtzentrum hören soll. Vom heutigen Tag an wird eine neue Vision unser Land regieren. Vom heutigen Tag an wird es nur noch Amerika zuerst heißen, Amerika zuerst. [...] Die Zeit für leeres Gerede ist vorbei. Nun kommt die Stunde des Handelns. [...]
Gemeinsam werden wir Amerika wieder stark machen. Wir werden Amerika wieder wohlhabend machen. Wir werden Amerika wieder stolz machen. Wir werden Amerika wieder sicher machen. Und ja, gemeinsam werden wir Amerika wieder großartig machen.
Danke. Gott segne euch. Und Gott segne Amerika." [...]

3.8 Versuche protokollieren

Wenn Sie Ihre Fach- bzw. Seminararbeit in einem naturwissenschaftlichen Fach, insbesondere in Chemie, Physik oder Biologie schreiben, werden Sie bei manchen Themen selbstständig Versuche durchführen müssen. Um die Versuchsergebnisse wissenschaftlich korrekt für Ihre Arbeit verwenden zu können, sollten Sie dabei über jeden Versuch ein Versuchsprotokoll anfertigen, das der Arbeit in einem → **Anhang** beigeheftet wird.

Allgemeine Anforderungen

- Ein Versuchsprotokoll ist Teil einer wissenschaftlichen Arbeit und daher in vollständigen Sätzen abzufassen; „Laborjargon" (Bsp.: „einen Fermenter anwerfen") sollte vermieden werden.
- Wie die gesamte Fach-/Seminararbeit, so ist auch das Protokoll mit dem PC zu verfassen.
- Das Protokoll sollte unpersönlich geschrieben sein; am besten eignen sich 3. Person Präteritum und Passiv (Bsp.: „Als die Banane mit UV-Licht bestrahlt wurde, trat eine Blaufärbung ein.").
- Das Präsens wird für allgemein gültige oder theoretische Aussagen verwendet (Bsp.: „Der Radius ist proportional zu x.").

Gliederung des Versuchsprotokolls

Alle wissenschaftlichen Berichte werden in Abschnitte gegliedert, denen wiederum aussagekräftige Überschriften vorangestellt werden:

1. Abstract bzw. Kurzzusammenfassung

Hier werden die Durchführung des Experiments, seine Ziele und seine Ergebnisse sowie die Schlüsse, die sich daraus ziehen lassen, kurz, aber vollständig zusammengefasst. Das Abstract wird zwar dem Versuchsprotokoll vorangestellt, sollte aber erst am Ende auf einer separaten Seite verfasst werden. Das Abstract ist im Normalfall 50 bis 200 Wörter lang. Mithilfe dieser Kurzzusammenfassung kann der Leser den Verlauf, die Ergebnisse und die Rückschlüsse aus dem Experiment nachvollziehen und verstehen, ohne dass er das gesamte Versuchsprotokoll kennen muss. Zahlenwerte zu wichtigen Ergebnissen können an dieser Stelle daher schon genannt werden.

2. Einleitung

Ihre Einleitung führt in das Experiment ein, indem sie die Untersuchungsmethode(n) skizziert sowie Sinn und Zweck des von Ihnen gewählten Experiments erklärt, ohne die Ergebnisse vorschnell vorweg zu nehmen. Ferner werden die für das Experiment wichtigen Begriffe – sofern sie erläuterungsbedürftig sind – erklärt und die zum Thema bereits erschienene Literatur aufgegriffen.

3. Material und Methoden

Bei der Beschreibung des verwendeten Materials und der Geräte sollten Sie darauf achten, keine Standardgeräte (etwa Computer oder Mikroskope) zu beschreiben, denn diese werden dem Leser bereits bekannt sein. Ihre speziellen Gerätschaften hingegen verdienen mehr Beachtung; hier sollten Sie aber wiederum vermeiden, zu sehr ins (technische) Detail zu gehen, soweit dies für den Versuch nicht wirklich relevant ist. Überdies müssen sämtliche von Ihnen verwendeten Materialien für andere Personen zugänglich sein. Dies betrifft auch Organismen, deren Art, Varietät, Bezugsquelle, Alter, Geschlecht, genetische und/oder physiologische Konstitution Sie daher stets angeben sollten. Insgesamt gilt: Das Experiment muss so gut beschrieben sein, dass ein fachkundiger Leser bzw. der Korrektor den Versuch reproduzieren kann.

4. Ergebnisse

Zu Beginn eines jeden Versuchsabschnitts beschreiben Sie kurz den Zweck einer Messung oder eines Experiments. Dann werden Versuchsaufbau und -verlauf dargestellt, evtl. unter Zuhilfenahme einer Skizze zum Versuchsaufbau. Anschließend muss detailliert beschrieben werden, wie Sie von den Rohdaten auf Ihr Ergebnis kommen.

Zur → **Visualisierung** der Daten eignet sich die Form einer Tabelle oder eines Diagramms am besten – beide Darstellungsformen zusammen machen hingegen nur selten Sinn. Bei der Umsetzung der Ergebnisse in einen Graphen sollten Sie darauf achten, diesen im Hinblick auf eine spätere → **Präsentation** der Arbeit „betrachterfreundlich" zu gestalten: Dazu gehören deutlich erkennbare Linien, wenige, aber kräftige Farben sowie eine gut lesbare Schriftgröße und eine schlichte Schriftart (z. B. Arial oder Times New Roman).

Die Herleitung von Ergebnissen aus Graphen muss nachvollziehbar sein; mathematische Details, z. B. eine Kurvendiskussion, sollten in diesem Zusammenhang aber weggelassen werden. Machen Sie andererseits nicht den Fehler, nur Ergebnisse aufzuzeigen, ohne auf Daten einzugehen. Bei der Angabe von Zahlenwerten dürfen Sie nie vergessen, die verwendete Einheit anzugeben. Alle numerischen Ergebnisse müssen eine Fehlerabschätzung enthalten. Werte, die auf wissenschaftlich vertretbaren Schätzungen oder statistischen Fehlerberechnungen beruhen, müssen angegeben werden. Eine bloße Sammlung von Tabellen und Diagrammen ohne Erläuterung sollte auf jeden Fall vermieden werden.

Plakat zum Wettbewerb „Jugend forscht 2019"

5. Diskussion

Am Ende eines Experiments wird die eigene Arbeit kurz diskutiert. Dieser Teil des Versuchsprotokolls ist neben dem Abstract der wichtigste. Hier werden die verschiedenen Aspekte des Experiments in einen Zusammenhang gebracht und mit der zentralen Fragestellung Ihrer Fach- bzw. Seminararbeit verbunden. Daneben sollte die Diskussion Folgendes leisten:

- Präsentation der wichtigsten Beziehungen und Generalisierungen der Versuche, ohne schlichte Wiederholung der Ergebnisse oder des Abstracts;
- Erörterung der Vor- und Nachteile der gewählten Methoden;
- Besprechung der aufgetretenen Probleme und ihrer Auswirkungen auf die Versuche;
- Vergleich und Diskussion der eigenen Ergebnisse mit evtl. in der Wissenschaft bereits eruierten Ergebnissen;
- Einbringung von Verbesserungsvorschlägen;
- Ausblick auf künftig durchzuführende Experimente, die zu weiterführenden Erkenntnissen führen könnten.

3.9 Ein Szenario entwickeln

Ein Szenario bietet einen in sich schlüssigen Ausblick darauf, wie sich die Zukunft möglicherweise entwickeln kann oder wie sich die Vergangenheit unter anderen Umständen hätte entwickeln können. Die Szenarioentwicklung als Thema einer Fach- oder Seminararbeit kann Ihnen vor allem in den gesellschaftswissenschaftlichen Fächern (Geschichte, Sozialkunde, Geografie, Wirtschaft und Recht) begegnen; Szenarien sind aber auch in der Biologie (ökologische Probleme!) sowie in technischen Fächern (nachhaltige Technologieentwicklung!) denkbar. Eine Arbeit mit dieser Zielsetzung erfordert nicht nur Fantasie und Vorstellungskraft, sondern setzt fundiertes Fachwissen voraus. Nur so wird gewährleistet, dass ein Szenario in sich stimmig und widerspruchsfrei ist.

Szenario-Vorstellungen können kurz-, mittel- oder langfristig diskutiert werden. Sie müssen dabei nicht theoretischer Natur bleiben: Professionell entwickelte Szenarien, z. B. im Auftrag von Regierungen, beschreiben, was im Ernstfall einer Katastrophe zu tun ist. Das Szenario eines Terroranschlags auf Großstädte etwa wird von Sicherheitsexperten nicht erst seit dem 11. September 2001 „durchgespielt". Ein Szenario kann in folgenden Phasen entwickelt werden:

1. Fundierungsphase: Sie sammeln Informationen, um die Ist-Situation genau kennenzulernen. Die Ist-Situation dient als Ausgangsbasis für ein Zukunftsszenario, aber auch für das Szenario einer alternativen bzw. virtuellen geschichtlichen Entwicklung. Nur Szenarien, die sich auf sorgfältige Untersuchungen und Analysen stützen, sind wohl fundiert. Sie sind mit hoher Wahrscheinlichkeit plausibel, weshalb sie – wenn sie bestimmte Fragen aufwerfen – ernst genommen werden. Am Beginn einer Szenarioentwicklung steht die sorgfältige Datenanalyse und → **Literaturauswertung** bereits veröffentlichten Materials zum Ist-Stand. Hinzu kommen die → **Befragung von Experten** mit Blick auf deren Vorstellungen zu künftigen bzw. alternativen vergangenen Entwicklungen. Fragen Sie „Ihre" Experten auch nach den Entwicklungen, die diese als wahrscheinlich/unwahrscheinlich bzw. als wichtig/unwichtig ansehen, sowie nach den Faktoren und Akteuren, die sie als Triebfedern oder Hemmnisse für eine bestimmte Entwicklungsrichtung erachten. Neben Einzelbefragungen können auch → **Umfragen** mit größeren Personengruppen durchgeführt werden.

2. Analytische bzw. Kritikphase: Eine sorgfältige Analyse und Systematisierung der gesammelten Informationen, z. B. mithilfe einer Mindmap (S. 9), ist für die Entwicklung des Szenarios von entscheidender Bedeutung. Folgende Fragen helfen bei der Sichtung und Sortierung des Materials:
- Welche der gesammelten Informationen brauche ich, um mein Szenario zu entwickeln?
- Welche Auswirkungen hat bzw. hätte ein Szenario für die mittel- oder unmittelbar betroffenen Menschen, Regionen, Staaten oder die Welt insgesamt gehabt?
- Welche aktuellen oder vergangenen Diskussionen, Sachverhalte und Ereignisse machen die Auseinandersetzung mit meinem Thema sinnvoll?

3. Konstruktionsphase: Die Entwicklung eines Szenarios unterscheidet sich deutlich von einer sonstigen wissenschaftlichen Arbeit. Sie arbeiten zwar auf der Grundlage gesicherter Fakten und Daten, müssen diese aber mithilfe Ihrer Fantasie weiterentwickeln. Dabei ist es wichtig, nicht „wünschenswerte", sondern „plausible" Szenarien zu entwickeln. Weitere Kriterien, die Ihre Arbeit neben der *Plausibilität* erfüllen sollte, sind *innere Schlüssigkeit, Infragestellung gängiger Annahmen* und *Attraktivität für die Zielgruppe.* Nach der Entwicklung des Szenarios erfolgt die erneute Überprüfung auf Plausibilität und Schlüssigkeit. Erst nach der Überarbeitung und Optimierung Ihres Konzepts ist Ihr Szenario bereit für eine → **Präsentation** im Kursrahmen.

Beispiel: *Entwicklung eines Szenarios im Fach Geschichte zum Thema „Entwickeln Sie ein Szenario für den Fall, dass Adolf Hitler 1938 verstorben wäre“.*

Dem hier dargestellten Kurzentwurf eines Szenarios geht die erste Phase (S. 40) voraus. Das Szenario ließe sich sowohl mit Blick auf Deutschland als auch weltpolitisch „weiterspinnen“ und ausdifferenzieren, je nachdem, wie eng oder weit das Thema der Fach-/Seminararbeit gefasst würde.

Text: Was wäre geschehen, wenn …?

Was wäre geschehen? Sebastian Haffner meint, in diesem Fall wäre ein Chaos in Deutschland ausgebrochen. Die Weimarer Verfassung sei außer Kurs gewesen und habe ihr Ansehen verspielt gehabt. Die nationalsozialistische Partei aber sei ganz auf den Führer zugeschnitten gewesen und hätte ohne ihn Deutschland nicht regieren können. Haffner sucht damit eine These von Joachim Fest einzuschränken, der vermutete, dass Hitler nach einem Tode 1938 als einer der größten deutschen Staatsmänner vielleicht als der Vollender der deutschen Einheit in die Geschichte eingegangen wäre.

Angesichts des hohen Grades an öffentlicher Disziplin im Dritten Reich ist der Rückfall ins Chaos nicht recht glaubhaft. Gewiss wäre ein Gerangel unter den Diadochen zu erwarten gewesen, vielleicht auch eine harte Auseinandersetzung zwischen den Spitzen der Partei und der Heeresleitung, aber Saalschlachten und Straßenkämpfe wie zur Zeit der Weimarer Republik waren kaum zu erwarten. […]

Die durch ein Ausscheiden Hitlers entstandenen innenpolitischen Machtprobleme hätten das Handeln nach außen erschwert. Nehmen wir den Widerstand gegen Hitlers Kriegsplan in der Generalität hinzu, so wäre mit einem Ausbruch des Zweiten Weltkrieges 1939 nicht zu rechnen gewesen. Der Wunsch nach Rückgewinnung der durch den Versailler Vertrag verlorenen Randzonen des Deutschen Reiches hätte fortbestanden, aber die Lebensraumtheorie als Muss und Maß der Außenpolitik ist wohl nur im Hirne Hitlers denkbar. Insofern müssten wir ohne ihn den Krieg samt seinen Begleiterscheinungen (insbesondere den Judenmord) und seinen Folgen (insbesondere die Halbierung Europas) unter die ungeschehene Geschichte rechnen. Indem wir Hitler und den letzten Weltkrieg aus der Geschichte wegdenken, behalten wir Deutschland in den Grenzen von 1938 übrig. […]

An vorangegangenen Chancen, Hitler und seinen Krieg zu verhindern, fehlt es nicht: […] eine Ablehnung des Ermächtigungsgesetzes durch die Reichstagsmehrheit am 24. März 1933, eine Weigerung Hindenburgs, Hitler zum Reichskanzler zu ernennen, ein Erfolg Brünings „auf den letzten hundert Metern“ […]. Jedes dieser Versäumnisse hätte die Wahrscheinlichkeit eines zweiten Krieges herabgesetzt.

Die Anfälligkeit des Weimarer Systems für eine autoritäre Strukturreform war beträchtlich und lässt sich durch eine einzelne veränderte Weichenstellung nicht beheben. Hoch determiniert waren auch der politisch-ökonomische Machtzuwachs in Amerika und Russland. Hitler und der letzte Weltkrieg lassen sich dagegen unschwer aus der Geschichte wegdenken. Amerikanische und russische Besatzungen hätten nicht ein halbes Jahrhundert in Berlin, nicht in Deutschland, vielleicht überhaupt nirgends im außersowjetischen Europa stehen müssen. Ob ein geeintes Europa als dritte Weltmacht unter deutscher Führung entstanden wäre, wie Haffner meint, oder nicht, Deutschland könnte noch blühen von Kleve bis nach Klaipeda, das heißt von der Maas bis an die Memel.

Aus: Alexander Demandt: Ungeschehene Geschichte. Ein Traktat über die Frage: Was wäre geschehen, wenn …?, Vandenhoeck & Ruprecht: Göttingen 2005, S. 122 ff.; der Autor ist Althistoriker und Kulturwissenschaftler; er war von 1974 bis 2005 Professor für Alte Geschichte am Friedrich-Meinecke-Institut der Freien Universität Berlin

4. Äußere Form und Gestaltung der Fach-/Seminararbeit

4.1 Aufbau

Die äußere Form einer Fach- oder Seminararbeit ist gleichsam die Visitenkarte Ihrer Bemühungen und vermittelt dem Korrektor/der Korrektorin den ersten entscheidenden Eindruck über Ihre gesamte Arbeit. Daher sollten Sie mit besonderer Sorgfalt vorgehen. Fähigkeiten zur Nutzung eines PCs und eines entsprechenden Textverarbeitungsprogramms werden vorausgesetzt. Sollten Sie privat keinen Zugang zu einem PC besitzen, wird Ihnen Ihre Schule die entsprechenden Möglichkeiten verschaffen. Soweit mit dem Seminarleiter/der Seminarleiterin nicht etwas anderes vereinbart wurde, sollten Sie Ihre Arbeit in der Schrift „Times New Roman", Schriftgröße 12, anderthalbfacher Zeilenabstand, Blocksatz verfassen. Fußnoten werden zwei Schriftgrößen kleiner gewählt. Ob an Ihrer Schule die Abgabe der Arbeit in einem Schnellhefter genügt, oder ob eine Bindung (spiralisiert, laminiert etc.) verlangt wird, sollte rechtzeitig geklärt und entsprechend bei der Zeitplanung berücksichtigt werden. Für den Aufbau der Arbeit soll hier folgender Vorschlag gemacht werden:

Seite 1: Die Arbeit beginnt mit einem *Deckblatt*, dessen Layout von Ihrer Schule vorgegeben wird.

Seite 2: Als sogenannter „Aufhänger" der Arbeit erweist sich ein → ***Titelbild*** als vorteilhaft. Die Abbildung sollte in Bezug zum Thema stehen und individuell gewählt werden. Dazu bieten sich Karikaturen, Fotografien, Plakate etc. an, die auch selbst gezeichnet und entworfen werden können.

Seite 3 (– 4): *Inhaltsverzeichnis/Gliederung:* Der Aufbau erfolgt numerisch (1/1.1/1.1.1) oder alphanumerisch [A) I. 1. a)]. Eine Untergliederung in 1.1.1 ist nur erlaubt, wenn dem betreffenden Abschnitt auch ein Abschnitt 1.1.2 folgt. Als Daumenregel gilt hierbei, dass nicht mehr als drei Ebenen gebildet werden sollen. Im Inhaltsverzeichnis wird jeder ausgewiesene Gliederungspunkt mit einer Seitenzahl versehen, an der man das Kapitel im Innenteil findet. Das Inhaltsverzeichnis gibt einen Überblick über die Seminararbeit und macht nicht nur dem Verfasser, sondern auch dem geneigten Leser und dem Korrektor einen „roten Faden" sichtbar. Eine gute Gliederung ist deshalb eine wichtige Grundlage für die Besprechungen mit Ihrem Kursleiter.

Seite 4: *Einleitung/Vorwort:* Erst ab hier werden die 10 bis 15 erlaubten Textseiten gezählt. In Absprache mit Ihrem Kursleiter/Ihrer Kursleiterin muss geklärt werden, welche Thematik im Vorwort verlangt wird. Folgendes ist denkbar:

- Worum geht es in der Arbeit?
- Unter welcher Leitfrage/Problemstellung wurde das Thema bearbeitet?
- Welche Aspekte wurden schwerpunktmäßig behandelt? Warum?
- Wie hat sich die Literaturlage dargestellt? Welche Sekundärliteratur wurde benutzt?
- Haben sich Ansprech- oder Interviewpartner zum Thema gefunden?

Auf jeden Fall muss das Vorwort eine stoffliche Hinführung zum Thema und zum Hauptteil Ihrer Arbeit enthalten, analog zur Einleitung einer Erörterung im Fach Deutsch. Es kann durchaus sinnvoll sein, das Vorwort erst nach Fertigstellung der gesamten Arbeit zu verfassen, da man dann einen besseren Überblick über die Fach- bzw. Seminararbeit hat. Für die Einleitung und die gesamte Arbeit gilt, dass sie unpersönlich verfasst wird. Verwenden Sie also nicht das Personalpronomen „ich". Die „Ich"-Form gilt als unwissenschaftlich.

Seite 5 ff.: *Hauptteil:* Hier muss das Thema unter Berücksichtigung des gesammelten Materials bearbeitet werden. Verlieren Sie bei der Bearbeitung nie Ihre Leitfrage/Problemstellung aus dem Auge, um eine Themaverfehlung zu vermeiden. Im Hauptteil wird zuerst die Fragestellung erläutert und dann systematisch in den folgenden Unterkapiteln bearbeitet. Jede wissenschaftliche Arbeit zeichnet sich durch drei Elemente aus:

- ausführliche Darstellung des Problems bzw. der Fragestellung einschließlich der Definition zentraler Begriffe;
- Einbettung des Themas in einer übergeordneten Theorie;
- Argumentation und Beweisführung.

Die im Inhaltsverzeichnis aufgeführten Überschriften erscheinen hier nun erneut. Achten Sie bei den Überschriften auf ein einheitliches Layout und entsprechende Leerzeilen vor und nach einer Überschrift.

Seite 18: *Schluss/Nachwort:* Das Nachwort rundet die gesamte Arbeit inhaltlich ab. Hier ist eine Entfernung vom Thema möglich, jedoch nicht zwingend. Das Nachwort sollte zielgerichtet verfasst und knapp gehalten werden. Meist bietet sich eine Zusammenfassung der Kernergebnisse und/oder ein Ausblick auf zukünftige Entwicklungen oder noch offene bzw. weiterführende Fragen an. Auch eine kritische Betrachtung der ursprünglichen Thesen sowie Antworten auf die Eingangsfragestellungen, persönliche Einschätzungen bezüglich der Mängel der eigenen Arbeit oder Hinweise zu Lücken in Theorie und Forschung sind an dieser Stelle möglich.

Seite 19 (ff.): → ***Anhang:*** Der Inhalt des Anhangs ist stark abhängig von den Vorstellungen Ihres Kursleiters/Ihrer Kursleiterin. Während einige Lehrkräfte etwaiges Anschauungsmaterial (Diagramme, Tabellen etc.) im Fließtext des Hauptteils platziert sehen möchten, bevorzugen andere eher einen durchgängigen Fließtext mit Fußnoten, in denen sich Hinweise auf das im Anhang befindliche Anschauungsmaterial befinden. Wichtig ist, dass Sie konsequent bleiben und eine einmal gewählte Verfahrensweise beibehalten. Die Herkunft des Materials im Anhang muss in Fußnoten angegeben werden. Als Faustregel gilt, dass bei einer Arbeit, die mehr als drei Tabellen bzw. Diagramme enthält, ein entsprechender Anhang angelegt wird.
Wenn etwas für Ihre Arbeit essenziell wichtig, jedoch nicht für die Allgemeinheit zugänglich ist, gehört es ebenfalls in den Anhang. Hüten Sie sich aber davor, den Anhang künstlich „aufzublähen“. Nur, was dem Erkenntnisgewinn dient, gehört in den Anhang.

Seite 20 (ff.): → ***Abkürzungsverzeichnis:*** In jeder wissenschaftlichen Arbeit dürfen offiziell gebräuchliche und lexikalisierte Abkürzungen verwendet werden, etwa „EU“ für „Europäische Union“. Nicht verwendet werden dürfen allerdings interne oder persönlich erfundene Kürzel wie beispielsweise „D“ für „Deutschland“. Im Abkürzungsverzeichnis werden die Abkürzungen ihren ausgeschriebenen Entsprechungen alphabetisch geordnet gegenübergestellt. Bei der ersten Verwendung eines abzukürzenden Begriffs im Hauptteil Ihrer Arbeit wird dieser ausgeschrieben und die künftig verwendete Abkürzung in Klammern dahintergesetzt.

Seite 21 (ff.): → ***Literaturverzeichnis:*** Hier muss sämtliche verwendete Literatur, alphabetisch geordnet und nummeriert, aufgeführt werden. Die Literatur muss daher mindestens einmal in den Fußnoten vorkommen. Es darf also keine Literatur angeführt werden, die nur dazu dienen soll, das Literaturverzeichnis aufzufüllen oder zu „schönen“. Unterteilt wird das Literaturverzeichnis in die Kategorien „Primärliteratur“, „Sekundärliteratur“ und „Internetadressen“.

Seite 22 (ff.): *Eidesstattliche Erklärung*

Beispiel für eine numerische Gliederung/ein Inhaltsverzeichnis im Fach Sozialkunde:

1.	Vorwort	4
2.	Institutionelle Reformen in der Bundesrepublik	5
2.1	Wahlsystem	5
2.1.1	Reform der Verhältniswahl?	6
2.1.2	Einführung der Mehrheitswahl?	6
2.2	Direkte Demokratie	10
2.2.1	Direktwahl des Bundespräsidenten?	11
2.2.2	Sachplebiszite auf Bundesebene?	13
2.3	Vergleichende Bewertung	15
3.	Nachwort	18
4.	Anhang	19
5.	Abkürzungsverzeichnis	26
6.	Literaturverzeichnis	27
6.1	Primärliteratur	27
6.2	Sekundärliteratur	27
6.3	Internetadressen	29
7.	Eidesstattliche Erklärung	30

Beispiel für eine alphanumerische Gliederung/ein Inhaltsverzeichnis im Fach Chemie:

A)	Vorwort	4
B)	Chemische Charakterisierung von Vollmilch- und Zartbitterschokolade	5
I.	Von der Ernte der Kakaopflanze zur fertigen Schokolade	5
I. 1.	Pflanzenteile, Anbau und Ernte	5
I. 2.	Fermentation und Röstung	6
I. 3.	Herstellung der Kakaomasse	7
I. 4.	Walzen	8
I. 4. a)	Vorwalzen	
I. 4. b)	Feinwalzen	
I. 5.	Conchieren und Kristallisation	9
II.	Versuche zum chemischen Vergleich von Vollmilch- und Zartbitterschokolade	10
II. 1.	Fett- und Zuckerreif	10
II. 2.	Zuckernachweis mit Tollens-Reagenz	12
II. 3.	Fettgehalt	14
II. 4.	Qualitative Eiweißbestimmung	16
C)	Nachwort	18
D)	Anhang	19
E)	Abkürzungsverzeichnis	26
F)	Literaturverzeichnis	27
I.	Primärliteratur	27
II.	Sekundärliteratur	27
III.	Internetadressen	29
G)	Eidesstattliche Erklärung	30

Hinweis: Achten Sie darauf, die einzelnen Kapitelüberschriften vertikal auf einer Linie auszurichten (benutzen Sie dafür den Tabulator in Ihrem Textverarbeitungsprogramm) und vergessen Sie nicht, die Seitenzahlen ganz rechts anzugeben.

4.2 Bibliografieren

Eine grundlegende wissenschaftliche Fertigkeit, die Sie in der Sekundarstufe II erlernen und einüben, ist das korrekte Bibliografieren. Nur bei richtigen bibliografischen Angaben ist es den Lesern/dem Korrektor Ihrer Arbeit möglich, Informationen verlässlich aufzufinden und nachzuprüfen. Bibliografische Angaben können zwar von Lehrstuhl zu Lehrstuhl und von Buch zu Buch in der Interpunktion innerhalb der Angaben variieren, folgen im Prinzip aber festen Regeln.

- **Bibliografische Angabe bei Büchern mit einem Autor (Monografie):** Autorennachname, Komma, erster Buchstabe des Vornamens, Punkt, Komma, Titel des Werks, Punkt, Untertitel (soweit vorhanden), Komma, Erscheinungsort (bei fehlender Angabe im Impressum schreibt man „o. O." für „ohne Ortsangabe") und Erscheinungsjahr (bei fehlender Angabe im Impressum schreibt man „o. J." für „ohne Jahresangabe") mit evtl. hochgestellter Auflagenzahl, Seitenangabe (allerdings nur bei den Fußnoten, nicht im Literaturverzeichnis): Wenn man von einer Seite bis zur nächsten zitiert, so schreibt man hinter die Seitenzahl ein „f." (für „folgende"), bei mehreren aufeinander folgenden Seiten ein „ff." (für „fortfolgende"). Oftmals beschränkt sich „ff." auf drei aufeinanderfolgende Seiten. Wird diese Anzahl überschritten, so grenzt man die Seitenzahl genau ein, also: S. 100 – 112.

  Beispiel: Schweidler, W., Kleine Einführung in die angewandte Ethik, Wiesbaden 2018, S. 110 f.

- **Bibliografische Angabe bei Büchern mit mehreren Autoren:** Handelt es sich um zwei Autoren, so werden beide genannt; im Übrigen ist die Verfahrensweise analog zu obiger Darstellung.

  Beispiel: Raps, C./Wilhelm A., Mensch und Politik. Sozialkunde Bayern Klasse 12, Braunschweig 2015, S. 100 f.

Handelt es sich um mehrere Autoren, so wird der alphabetisch erste Autor genannt und dann ein „u. a." („und andere") angefügt; im Übrigen ist die Verfahrensweise analog zu obiger Darstellung.

Beispiel: Aslan E., u. a., Islamische Radikalisierung, Wiesbaden 2018, S. 200 – 220

- **Bibliografische Angabe bei Büchern mit Herausgeber und mitarbeitenden Autoren (Sammelband, Festschrift, Tagungsband, Reader):** Autorennachname des Verfassers des Aufsatzes/Kapitels, erster Buchstabe des Vornamens, Punkt, Komma, Titel des Aufsatzes/Kapitels, Punkt, Untertitel (soweit vorhanden), Komma, „in:", erster Buchstabe des Vornamens des Herausgebers, Nachname des Herausgebers, in Klammern die Abkürzung „Hg.", Komma, Titel des Gesamtwerks, Punkt, Untertitel, Erscheinungsort (bei fehlender Angabe im Impressum schreibt man „o. O." für „ohne Ortsangabe") und Erscheinungsjahr (bei fehlender Angabe im Impressum schreibt man „o. J." für „ohne Jahresangabe") mit evtl. hochgestellter Auflagenzahl, Seitenangabe (allerdings nur bei den Fußnoten, nicht im Literaturverzeichnis).

  Beispiel: Nippel, W., Politische Theorien der griechisch-römischen Antike, in: H.-J. Lieber (Hg.), Politische Theorien von der Antike bis zur Gegenwart, Bonn 1991, S. 17 ff.

Sind Herausgeber und Autor identisch, so schreibt man an der Herausgeber-Stelle ein „ders." (für „derselbe"):

Beispiel: Lieber, H.-J., Zur Theorie totalitärer Herrschaft, in: Ders. (Hg.), Politische Theorien von der Antike bis zur Gegenwart, Bonn 1991, S. 881 ff.

- **Bibliografische Angabe bei Lexika:** Autorennachname des Verfassers, Komma, erster Buchstabe des Vornamens, Punkt, Komma, „unter dem Stichwort":, „Stichwort", Komma, „in:", evtl. der Herausgeber, Titel und Bandzahl des Lexikons, Erscheinungsort (bei fehlender Angabe im Impressum schreibt man „o. O." für „ohne Ortsangabe") und Erscheinungsjahr (bei fehlender Angabe im Impressum schreibt man „o. J." für „ohne Jahresangabe") mit evtl. hochgestellter Auflagenzahl, Seitenangabe (allerdings nur bei den Fußnoten, nicht im Literaturverzeichnis).

Beispiel: Krekeler, H., unter dem Stichwort: Diplomatie, in: W. Woyke (Hg.), Handwörterbuch internationale Politik, Bonn 1986, S. 98 ff.

Fehlen ein namentlich genannter Autor oder ein Herausgeber, so bezieht man sich auf die Redaktion oder den Verlag.

Beispiel: Meyers Lexikonredaktion (Hg.), Meyers großes Taschenlexikon Band 17, unter dem Stichwort: Politik, Mannheim/Leipzig/Wien/Zürich 1992, S. 190 f.

- **Bibliografische Angabe bei Zeitschriften- und Zeitungsartikeln:** Autorennachname des Verfassers, Komma, erster Buchstabe des Vornamens, Punkt, Komma, Titel des Aufsatzes/Beitrags, Komma, „in:", Name der Zeitschrift (bei wissenschaftlichen Zeitschriften auch die Abkürzung), Nummer der Ausgabe oder Jahrgang, Erscheinungsjahr in Klammern, Seitenangabe.

Beispiel: Hildebrandt, J., Geschichte der kommenden Selbstverwaltung, in: Informationen zur politischen Bildung (Izpb) 333 (2017), S. 12 – 21

Autorennachname des Verfassers, Komma, erster Buchstabe des Vornamens, Punkt, Komma, Titel des Aufsatzes/Beitrags, Komma, „in:", Name der Zeitung, „vom" Datum, keine Seitenangabe.

Beispiel: Hassel, F., Entzweite Nachbarn, in: Frankfurter Allgemeine Zeitung vom 07.02.2017

Vorsicht: In wissenschaftlichen Arbeiten wie Ihrer Fach- bzw. Seminararbeit sind nur Beiträge aus wissenschaftlichen Zeitschriften zitierbar. Bei den auf dem „normalen" Markt veröffentlichten Zeitschriften sind nur seriöse Zeitschriften zitierbar (→ S. 10). Etwas anderes gilt, wenn Sie z. B. die politische Berichterstattung auf dem deutschen Zeitschriftenmarkt untersuchen; dann handelt es sich aber bei Untersuchungen der sogenannten „Regenbogenpresse" um Quellen, nicht um Sekundärliteratur.

- **Bibliografische Angabe bei Rezensionen oder Literaturberichten:** Autorennachname des Verfassers, Komma, erster Buchstabe des Vornamens, Punkt, Komma, Name des rezensierten Autors, Doppelpunkt, Titel des rezensierten Aufsatzes/des besprochenen Buchs, Komma, „in:", Name der Zeitschrift (bei wissenschaftlichen Zeitschriften auch die Abkürzung), Jahrgang, Nummer der Ausgabe, Erscheinungsjahr in Klammern, Seitenangabe.

Beispiel: Schaal, G., Renate Martinsen: Demokratie und Diskurs. Organisierte Kommunikationsprozesse in der Wissensgesellschaft, in: Politische Vierteljahresschrift (PVS), 48. Jg., Nr. 1 (2007), S. 157 ff.

- **Bibliografische Angabe bei nicht im Handel erhältlichen Broschüren oder Flyern (Graue Literatur):** Autorennachname des Verfassers, Komma, erster Buchstabe des Vornamens, Punkt, Komma bzw. Herausgeber/herausgebende Institution, Titel der Broschüre, evtl. Veröffentlichungsreihe, Erscheinungsort (bei fehlender Angabe im Impressum schreibt man „o. O." für „ohne Ortsangabe") und Erscheinungsjahr (bei fehlender Angabe im Impressum schreibt man „o. J." für „ohne Jahresangabe") mit evtl. hochgestellter Auflagenzahl, Seitenangabe (allerdings nur bei den → **Fußnoten**, nicht im → **Literaturverzeichnis**).

  Beispiel: Bundesministerium der Verteidigung (Hg.), Personalstrategie der Bundeswehr, Berlin 2016, S. 6

- **Bibliografische Angaben aus dem Internet:** Autorennachname des Verfassers, Komma, erster Buchstabe des Vornamens, Punkt, Komma, Titel des Aufsatzes/Beitrags, Komma, „in:", Internetadresse, Semikolon, „Zugriff am Datum", Seitenangabe (so vorhanden).

  Beispiel: Seidler, S., Erde verschluckt geheimnisvolle Geisterteilchen, in: http://www.spiegel.de/wissenschaft/natur/neutrinos-im-icecube-experiment-erde-verschluckt-geisterteilchen-a-1180301.html; Zugriff vom 26.11.2017

Bei fehlender Verfasserangabe erschließen Sie den Herausgeber über den Betreiber der Homepage; dies ist z. B. möglich bei Informationen, die Sie von den Internetseiten von Behörden oder Ministerien etc. gewinnen.

Beispiel: Bayerisches Staatsministerium des Inneren, für Bau und Verkehr (Hg.), Verkehrspakt Großraum München, in: http://www.stmi.bayern.de/med/aktuell/archiv/2017/171124verkehrspakt/; Zugriff vom 26.11.2017

Wenn Verfasser oder Herausgeber nicht zu ermitteln sind, lässt dies meist auf mangelhafte Zitierbarkeit schließen. In diesem Fall sollten Sie gut abwägen, ob Sie diese Quelle in einer wissenschaftlichen Arbeit tatsächlich verwenden müssen/möchten. Dies trifft vor allem auf „Wikipedia" zu. Wikipedia mag sich oft für einen ersten Informationsgewinn eignen, ist aber keinesfalls zitierbar! Sofern Sie Bilder oder Karikaturen aus dem Internet zur Illustration verwenden, ist die Kenntnis des Verfassers nicht unbedingt vonnöten, jedoch hilfreich, wenn es sich um politisch motivierte Aussagen handelt.

Beispiel: http://www.dokufoto.de/albums/reportage/armut-067.jpg; Zugriff vom 6. 12. 2008

Da manche Webseiten nur für eine begrenzte Zeit verfügbar sind, macht es durchaus Sinn, diese nach dem Zugriff auf digitalen Datenträgern (z. B. auf einer CD-ROM/einem USB-Stick) zu konservieren und beim Kursleiter/bei der Kursleiterin mit einzureichen.

4.3 Zitate und Fußnoten

a) Richtiges Zitieren

Die Erkenntnisse, die Sie aus der Sekundärliteratur gewinnen, müssen in Ihrer Arbeit belegt werden. Dies gilt ausnahmslos für alles, was Sie wörtlich oder sinngemäß anderen Werken entnehmen. Der Erkenntnisgewinn, den Sie aus anderen Werken adaptieren, ist nichts „Ehrenrühriges": Jede wissenschaftliche Arbeit basiert auf den Werken anderer Wissenschaftler. Indem Sie diese anführen, zeigen Sie, dass Sie sich in aller gebotenen Breite mit Ihrem Thema vertraut gemacht haben. Kennzeichnen Sie diese Übernahmen in Form von Zitaten, Ergebnissen oder Daten jedoch nicht, so machen Sie sich des Plagiats schuldig. An immer mehr Gymnasien und Universitäten gibt es heute entsprechende Software, um denjenigen auf die Schliche zu kommen, die sich „mit fremden Federn" schmücken wollen.
Das Belegen von Erkenntnissen anderer Autoren erfolgt durch die Arbeit mit Zitaten, die Sie auf verschiedene Art in Ihre Arbeit einbringen können:

- Sie integrieren ein wörtliches Zitat in Ihren eigenen Satzbau; hierbei müssen Sie das, was Sie wörtlich übernehmen, in Anführungszeichen setzen.
- Sie übernehmen ein längeres wörtliches Zitat, das satzwertig ist; auch dieses ist in Anführungszeichen zu setzen.

Wenn Sie aus Gründen der richtigen Syntax etwas an Ihrem Zitat grammatikalisch verändern müssen oder inhaltliche Kürzungen vornehmen, so ist dies folgendermaßen kenntlich zu machen:

- Auslassungen werden durch eckige Klammern und drei Punkte kenntlich gemacht.

  Beispiel: „Alle Kapitel des Kriterienkatalogs [...] werden stets nur vorläufig angenommen."[1]

- Müssen Sie innerhalb des Zitats etwas hinzufügen, so setzen Sie das Hinzugefügte in eckige Klammern.

  Beispiel: Der Verfasser zeigt auf, dass die Globalisierung vor allem „durch den technischen Fortschritt [zugenommen]."[2] habe.

Die Orthografie und die Zeichensetzung eines Zitates müssen auf jeden Fall beibehalten werden. Stoßen Sie auf einen Druck- oder Rechtschreibfehler, dürfen Sie diesen nicht korrigieren. Als Zeichen dafür, dass es sich nicht um einen Fehler Ihrerseits handelt, setzt man in diesem Fall ein „(sic!)" hinter den entdeckten und übernommenen Fehler. Dies gilt nicht für Schreibweisen, die sich bedingt durch die Rechtschreibreform verändert haben.

Da Sie vieles in Ihrer Fach- bzw. Seminararbeit nicht selbst erforscht haben werden, sollten Sie, vor allem bei wertenden Passagen, ebenfalls in den Fußnoten auf die Quellen Ihrer Erkenntnisse hinweisen. Idealerweise findet man im Rahmen der → **Literaturauswertung** widersprüchliche Aussagen zu einem Thema. Diese Widersprüche werden in den Fußnoten dargestellt. Auch weiterführende Erklärungen, die nicht in den Fließtext passen, können hier ausgeführt werden.

---

[1] Raps, C./Wilhelm, A., Mensch und Politik. Sozialkunde Bayern. Klasse 12, Braunschweig 2015, S. 40
[2] Ebd., S. 126

b) Fußnoten
Hier sollten Sie besonders auf Konsequenz achten und nicht von der einmal verwendeten Vorgehensweise abweichen.

- Wenn Sie zum ersten Mal aus einem Buch zitieren, so wird der vollständige Titel einschließlich Seitenzahl in der Fußnote aufgeführt; der Autorenname ist zu unterstreichen.

  Beispiel: [1] Raps, C./Wilhelm, A., Mensch und Politik. Sozialkunde Bayern. Klasse 12, Braunschweig 2015, S. 40

- Bei einem direkt darauf folgenden Zitat aus gleicher Quelle genügt ein „Ebd." für „ebenda", bei abweichender Seitenzahl, aber gleichem Titel, ein „Ebd." mit differierender Angabe der Seite. Sollten Sie Informationen nur sinngemäß übernehmen, müssen Sie ein „Vgl." voranstellen.

  Beispiel: [2] Vgl. ebd., S. 152

- Wenn Sie zum zweiten Mal aus einem bereits verwendeten Buch zitieren, genügt ein Kurztitel in der Fußnote, der den Autorennachnamen, ein Schlagwort aus dem Titel und eine Seitenzahl enthält.

  Beispiel: [3] Raps/Wilhelm, Politik, S. 12

- Wenn Sie in den Fußnoten auf weiterführende Literatur zu einem Thema verweisen wollen, so setzen Sie ein „vgl." (für „vergleiche") vor den Buchtitel, auf den Sie sich beziehen.

  Beispiel: [4] Raps/Wilhelm, Politik, S. 8 f.; vgl. dazu ausführlich Hradil, S. (Hg.), Deutsche Verhältnisse. Eine Sozialkunde, Bonn 2012, S. 456 f.

- Wenn Sie auf einen Widerspruch in der Literatur stoßen, so übernehmen Sie im Fließtext die Position, die Sie überzeugt und/oder mehrheitsfähig ist, und verweisen dann in den Fußnoten auf andere Darstellungen.

  Beispiel: [5] Müller, Soziologie, S. 10; anders Maier, Moderne Soziologie, S. 13: Er sieht die Hauptursache für den Rückgang der Geburtenziffern nicht in der Emanzipation der Frau, sondern im zunehmenden Konsumdenken.

c) Amerikanische Zitierweise (auch: Harvard-System)
In Abweichung von oben Gesagtem verweist die US-amerikanische Zitierweise direkt im Fließtext auf den Ursprung eines Zitats. Dabei werden nur der Nachname des Autors/Herausgebers, Erscheinungsjahr und Seitenzahl genannt. Der vollständige Titel erscheint nur im → Literaturverzeichnis.

Beispiel: „War das 20. Jahrhundert das Zeitalter Hitlers?" (Kershaw 1998: 15).

Zitate, die in einer Fremdsprache verfasst sind, werden in dieser übernommen und grammatikalisch richtig in den Fließtext eingefügt. Außer bei der Wissenschaftssprache Englisch werden alle fremdsprachigen Zitate in der Fußnote übersetzt. (Dieser Hinweis gilt jedoch nicht für Fach- oder Seminararbeiten, die in einer Fremdsprache verfasst werden.)

4.4 Writing and revising a term paper draft

In English seminars – whether at school in Year 11/12 or later at university or college – you will be assigned a *term* (or *research*) *paper (Fach-/Seminararbeit).* The aim is to show that you have learned to work independently and can successfully apply academic strategies such as developing a coherent argument and acknowledging which sources you have used in your research. A paper is a sustained inquiry about a particular subject. When studying English, however, your task includes showing your command of the foreign language. The following tips are designed to support you as you write (see especially (5) and (6) in the table below).

Common procedure to ensure a good term paper	
1. Choose a subject	(→ **Strategien zur Themenfindung**)
2. Find sources of material and information	(→ **Stoffsammlung zur Fach-/Seminararbeit**)
3. Gather notes	(→ **Arbeitstechniken zur Fach-/Seminararbeit**)
4. Outline the paper	(→ **Aufbau**)
5. Write the first draft	
6. Revise the draft	
7. Edit the paper	(→ **Bibliografieren**/→ **Zitate und Fußnoten**)

Writing the first draft

Writing a first draft before submitting your final paper can significantly improve the quality of both the substance (academic content) and the language of your paper.

1. Try freewriting: With your notes and outline in front of you, sit down and write the draft in one go without worrying about spelling, grammar structure or layout at this stage. The main idea is to freely explore the topic without allowing your internal judge to disturb your creative ideas. Following your ideas without inhibition is an important step at this point because it allows your brain to visualize your topic.

2. Skip parts if you get stuck: You might find that writing the introduction to your term paper is a particularly difficult, seemingly impossible, task when writing the first draft. It is often quite difficult to write an introduction without having written the main body of the paper. You will make more progress writing the body of your paper first than guessing what might make a good introduction. Likewise, skip paragraphs that you feel are blocking your creativity. If you assume you will revise, you can be much more relaxed and free in writing your first draft. This should enable you to finish it more quickly.

Revising the draft – DOs and DON'Ts

"There are days when the result is so bad that no fewer than five revisions are required. In contrast, when I'm greatly inspired, only four revisions are needed."
John Kenneth Galbraith (1908 – 2006), Canadian-American economist

After the first draft, it is usually necessary to revise and refine the ideas you have generated by writing follow-up drafts. The aim is to shape your paper so that the final version flows smoothly, is written in a clear and interesting way and has appropriate support for its arguments. Since revising is more than re-arranging arguments into a logical progression you should also consider the following steps.

1. Achieve coherence: Coherence is essential to a good paper because it contributes to a clear and logical flow of ideas that together form a larger, unified entity. To achieve coherence, you should have smooth connections or *transitions* between the sentences in your paragraphs. Here is a list of common transition words and phrases and their uses:

Giving examples	*for example, for instance, specifically, in particular, namely, another*
Comparison	*similarly, not only … but also, in comparison (to)*
Contrast	*although, but, while, in contrast (to), however, though, on the other hand, on the contrary, whereas, in spite of*
Sequence	*furthermore, finally, in conclusion, in the first place*
Results	*thus, therefore, as a result, accordingly, consequently*
Time	*already, beforehand, earlier, formerly, at this point, simultaneously, meanwhile, then, afterwards, finally, subsequently*

DON'T overuse them, as they may draw attention away from your ideas!
DON'T place them in the same position in your sentence each time, as this will quickly become repetitious and boring!
DON'T use phrases like *"In order to consider this problem fully one must first analyse…"* or *"The next point for consideration in this paper will be …"*, as they do not help the paper progress. Instead of saying what you intend to discuss you should get down to discussing it!

2. Write effective sentences

When polishing your draft for clarity, try to follow these rules:

a) DO try to use a straightforward sentence structure

"My goal is an America where something or anything that is done to or for anyone is done neither because of nor in spite of any difference between them, racially, religiously or ethnic-originwise."
Ronald Reagan (1911 – 2004), President of the United States of America 1981 – 1989

If sentences in your draft are contorted, try rephrasing your meaning in short sentences and then combining thoughts where most appropriate. At the same time, make sure you vary sentence length and structure to give a really convincing form to the ideas expressed.

b) DO pay attention to word order
Misplaced modifiers can completely change the meaning of a sentence. Therefore, always place a modifier near the word it modifies.

Example: "Three family members were found bound and gagged by their grandmother."

Did the grandmother tie up the family?

→ *Better:* The grandmother found three family members who had been bound and gagged.

c) DO correct faulty parallel constructions
Parallel constructions are very important in sentence writing to establish coherence. Parallelism occurs when a series of words, phrases or clauses is put in parallel form (similar grammatical construction) to link ideas. *Faulty* parallelisms, that is, sentences in which two or more words, phrases or clauses have the same grammatical function, but are not put in the same grammatical form, can wreck the syntax and the meaning of your sentence.

Example: "In Canada, lots of boy scout troops prepare to go hiking, swimming, and they camp out."

Not parallel; hence not clear.

→ *Better:* In Canada, lots of boy scout troops prepare to go hiking, swimming, and camping out.

d) DO give your sentences content
Overly general sentences (as underlined in the example below) do not contain enough information to make a specific point in your discussion. Try combining such sentences with the sentence that follows.

Example: "There is a national organization called The Ugly Owls. The group's 5,000 members are devoted birdwatchers."

Not enough information.

→ *Better:* The Ugly Owls is a national organization whose 5,000 members are devoted birdwatchers.

3. Develop a concise style

"Have something to say, and say it as clearly as you can. That is the only secret of style."
Matthew Arnold (1822 – 1888), English poet

Although academic papers are required to be sophisticated, useless words (like the ones underlined below) weigh down your prose, so that its meaning is often lost, confused, or hidden. Here are some tips that help you develop a concise style.

a) LEAVE OUT superfluous words
Example: "Because of the fact that his cooking business failed, my uncle decided to leave London."
→ *Better:* Because his cooking business failed, my uncle decided to leave London.

Other notorious constructions include *in the event that* (= if), *due to the fact that* (= because), *at this point in time* (= now), *by means of* (= by), *concerning the matter of* (= about), *the reason is that* (omit), *in a realistic fashion* (= realistically) etc. The words "There are" and "It is" are frequently needless space wasters. You should either omit them or replace them with specific subjects.

Example: "There are fifty students attending this course."
→ *Better:* Fifty students attend this course.

b) LEAVE OUT redundancies
Example: "The group consensus was that the neighbourhood needed more trees."
→ *Better:* The consensus was that the neighbourhood needed more trees.

Redundancies are words that repeat the same idea or whose meanings overlap. You should eliminate needless repetition. In his essay "Count the Superfluous Redundant Pleonastic Tautologies", US comedian George Carlin (1937 – 2008) makes use of some common redundancies:
"I needed a new beginning, so I decided to pay a social visit to a personal friend with whom I share the same mutual objectives and who is one of the most unique individuals I have ever personally met. The end result was an unexpected surprise. When I reiterated again to her the fact that I needed a fresh start, she said I was exactly right; and, as an added plus, she came up with a final solution that was absolutely perfect."
George Carlin: When Will Jesus Bring the Pork Chops? Hachette UK, 2004

c) AVOID common pitfalls
- DON'T use shortened forms like *isn't, aren't, won't* etc. Write them in full: *is not, are not, will not.* Notice that *cannot* is written as one word.
- DON'T use colloquialisms like *kids, back in the 20s, by this time, in the olden days, some form of flag art,* or chatty phrases like *in addition to that, in a way* in formal writing unless they are necessary to make your point.
- DON'T use tired expressions like *slowly but surely, good as gold, right as rain* etc.
- DON'T use unnecessary intensifiers. Check if words like *very, major, absolutely, completely, fundamental* or *basic* really add vigour to your writing.
- DON'T use *I* (although this convention seems to be changing somewhat). Alternatives to *I* include the passive voice ("The questionnaire was distributed to 30 pupils") or the infinitive.
- DON'T imitate the language of your academic sources, since this might look like plagiarism.

4.5 Praxisbeispiele

4.5.1 Titelbild

Wenn Sie ein Titelbild als „Aufmacher" Ihrer Fach- bzw. Seminararbeit wählen, sollten Sie vor allem darauf achten, dass das entsprechende Material den Kern Ihres Themas erfasst. Im gesellschaftswissenschaftlichen Bereich eignen sich dazu insbesondere Karikaturen. Die nachstehende Abbildung zum Thema „The American Century" dient als Beispiel für ein Titelbild aus den Bereichen Geschichte bzw. amerikanische Landeskunde:

„The American Century"; eigene Darstellung, 1996

Zu erkennen ist die Symbolfigur der USA, Uncle Sam, der grüßend bzw. triumphierend seinen Hut in die Luft schwenkt, während er über einen Friedhof springt, auf dem die Symbole des deutschen Nationalsozialismus (Hakenkreuz) sowie des sowjetischen Stalinismus bzw. Kommunismus (Hammer und Sichel) wie Grabsteine im Boden stecken. Hier liegen offenbar die Ideologien zweier diktatorischer Regime begraben. In der Tat gilt das 20. Jahrhundert – insbesondere in der ersten Hälfte – als „Zeitalter der Extreme", denn zu keiner anderen Zeit war die Herrschaftsform der Diktatur strenger und furchtbarer ausgeprägt. Gleichzeitig aber hat sich auch in keiner anderen Epoche die Staatsform der Demokratie weltweit stärker ausgebreitet. Hierauf spielt die Karikatur an, die die US-amerikanische Dominanz im 20. Jahrhundert mit dem Sieg der Vereinigten Staaten von Amerika über das Dritte Reich im Zweiten Weltkrieg bzw. über die UdSSR im sogenannten Kalten Krieg in Verbindung bringt.

4.5.2 Anhang

4.5.2.1 „Die vier Freiheiten im Binnenmarkt"

Aus: Raps, C. / Wilhelm, A., Mensch und Politik. Sozialkunde Bayern. Klasse 12, Braunschweig 2015, S. 11

4.5.2.2 Grafik zur Verfassung der Bundesrepublik Deutschland

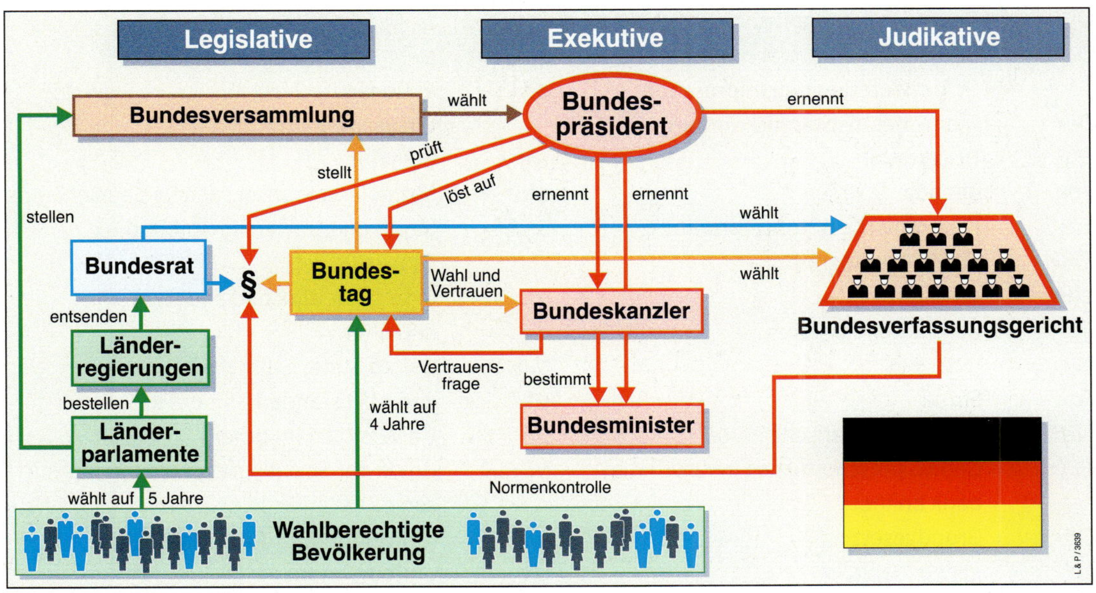

Aus: Raps, C. / Wilhelm, A., Mensch und Politik. Sozialkunde Bayern. Klasse 12, Braunschweig 2015, S. 23

4.5.3 Abkürzungsverzeichnis

Nachstehend finden Sie eine Auswahl anerkannter Abkürzungen, die Sie in Ihrem Abkürzungsverzeichnis verwenden können:

a. a. O.	am angeführten/angegebenen Ort
Abb.	Abbildung
Abh.	Abhandlung
Abs.	Absatz
Abt.	Abteilung
Anm.	Anmerkung
App.	Appendix
ASB	Allgemeine Systematik für Öffentliche Bibliotheken
Aufl.	Auflage
BA	Bundesagentur für Arbeit
BAM	Bundesanstalt für Materialforschung und -prüfung
BFI	Betriebsforschungsinstitut
BIOSIS	BioScience Information Service [of Biological Abstracts]
CAB	Chemical Abstracts
CDU	Christlich Demokratische Union
CSU	Christlich Soziale Union
DDR	Deutsche Demokratische Republik
DIMDI	Deutsches Institut für medizinische Dokumentation und Information
DIN	Deutsches Institut für Normung
Diss.	Dissertation
ebd.	ebenda
EDV	Elektronische Datenverarbeitung
EKG	Elektrokardiogramm
erw.	erweitert
EU	Europäische Union
evang.	evangelisch
Fa.	Firma
FDP	Freie Demokratische Partei
GEOLINE	Geowissenschaftliche Literaturdatenbank online
GG	Grundgesetz
ggf.	gegebenenfalls
GKV	gesetzliche Krankenversicherung
Hg.; Hrsg.	Herausgeber
HMS	His/Her Majesty's Ship
i. e.	id est (das ist; mit anderen Worten)
IDC	Internationale Dokumentationsgesellschaft für Chemie
INIS	Internationales Nuklear-Informationssystem
Jg.	Jahrgang
Kap.	Kapitel
m. E.	meines Erachtens
MfS	Ministerium für Staatssicherheit
NATO	North Atlantic Treaty Organization
NSDAP	Nationalsozialistische Deutsche Arbeiterpartei
o. a./u. a.	oben angeführt/unten angeführt
o. J.	ohne Jahresangabe
o. O.	ohne Ort
o. V.	ohne Verfasserangabe
ODAV	Ostbayerische Datenverarbeitungsgesellschaft mbH, Straubing
Phys. Bl.	Physikalische Blätter
ppa.	per procura
Reg.	Register
röm.-kath.	römisch-katholisch
S.	Seite
s. o./s. u.	siehe oben/siehe unten
SEA	Aktionsausschuss für sichere Elektrizitätsverwendung
Sig.	Signatur
SPD	Sozialdemokratische Partei Deutschlands
StUB	Stadt- und Universitätsbibliothek
Tab.	Tabelle
u. a.	unter anderem; und andere
u. ö.	und öfter
U. S. S.	United States Ship
u. U.	unter Umständen
UB	Universitätsbibliothek
UdSSR	Union der Sozialistischen Sowjetrepubliken
ULIDAT	Umweltliteraturdatenbank
UN	United Nations
USA	United States of America
VDI	Verein Deutscher Ingenieure e. V.
Verf.	Verfasser
vgl.	vergleiche
z. B.	zum Beispiel

4.5.4 Literaturverzeichnis

Beispiel für ein Literaturverzeichnis zu einer Fach-/Seminararbeit im Fach Ethik zum Thema *„Anwendungsmöglichkeiten von Immanuel Kants Kategorischem Imperativ in modernen bio- und medizinethischen Fragestellungen“:*

6.1 Primärliteratur

1. Fichte, J.G., Gebhard Rezension, in: R. Lauth/H. Jacob (Hg.), J. G. Fichte Gesamtausgabe, Band I,2, Stuttgart 1965, S. 21–29
2. Kant, I., Die Kritiken – Kritik der reinen Vernunft. Kritik der praktischen Vernunft. Kritik der Urteilskraft, Frankfurt/Main 2008
3. Kant, I., Grundlegung der Metaphysik der Sitten, Frankfurt/Main 2007

6.2 Sekundärliteratur

1. Akarsu, S./Küllmei, S., Einfach philosophieren. Bioethik, Braunschweig 2016
2. Beauchamp, T./Childress, J. F., Principles of Biomedical Ethics, New York 2001
3. Birnbacher, D., Bioethik zwischen Natur und Interesse, Frankfurt/Main 2006
4. Döring, E., Immanuel Kant. Einführung in sein Werk, Wiesbaden 2004
5. Düwell, M., Bioethik: Methoden, Theorien und Bereiche, Weimar 2008
6. Eckart, U., Geschichte, Theorie und Ethik der Medizin, Berlin 2017
7. Honnefelder, L.,/Rager, G., Ärztliches Urteilen und Handeln: Zur Grundlegung einer medizinischen Ethik, Frankfurt/Main 1994
8. Irrgang, B., Einführung in die Bioethik, Stuttgart 2005
9. Kaatsch, H. J. u.a., Medizinethik, Münster 2008
10. Oehler, R.u.a.(Hg.), Biologie und Ethik. Leben als Projekt. Ein Funkkolleg-Lesebuch mit Provokationen und Denkanstößen, Stuttgart 2017
11. Römpp, G., Kant leicht gemacht. Eine Einführung in seine Philosophie, Stuttgart 2007
12. Schöne-Seifert, B., Grundlagen der Medizinethik, Stuttgart 2007
13. Sturma, D./Heinrichs, B. (Hg.), Handbuch Bioethik, Stuttgart 2015
14. Wiesing, U., Ethik in der Medizin. Ein Studienbuch, Stuttgart 2011

6.3 Internetadressen

1. Knoepffler, N., Menschenwürde in der Bioethik, in: http://www.bpb.de/gesellschaft/umwelt/bioethik/33728/menschenwuerde-in-der-bioethik; Zugriff vom 03.12.2017
2. Kuntz, K./Feck, M., Studenten des Tötens, in: http://www.spiegel.de/spiegel/print/d-130335546.html; Zugriff vom 03.12.2017

4.5.5 Eidesstattliche Erklärung

Beispiel für eine Eidesstattliche Erklärung als letzte Seite Ihrer Fach-/Seminararbeit:

Hiermit erkläre ich an Eides statt, dass ich diese Seminararbeit/Facharbeit selbstständig und ohne fremde Hilfe angefertigt und keine anderen als die angegebenen Quellen und Hilfsmittel verwendet habe.

4.6 Häufige Fehlerquellen

Bei der Korrektur von Fach-/Seminararbeiten fallen immer wieder die gleichen Fehler und Mängel auf, die sich meist daraus ergeben, dass die Verfasser ihre Arbeit „auf den letzten Drücker" schreiben und zu wenig Zeit dafür aufwenden, diese auf formale und sprachliche Mängel zu überprüfen.

a) Fehler bei der Erstellung des Inhaltsverzeichnisses

- *kein Verwenden des Tabulators* zur Bildung gerader vertikaler Linien: Bei „Microsoft Word" gehen Sie dazu auf den Reiter „Seitenlayout", dann auf die Ebene „Absatz" und dann unten links auf „Tabstopps", um die benötigten Distanzen einzustellen. Auf Ihrer Tastatur müssen Sie dann nur noch statt der „Leertaste" die „Tabulator-„ bzw. „Tab-Taste" verwenden, damit die einzelnen Gliederungspunkte und Seitenzahlen exakt untereinander stehen.
- *kein Anführen von Seitenzahlen*
- *Verwenden anderer Überschriften wie im folgenden Fließtext:* Achten Sie darauf, dass der Wortlaut jeder einzelnen Überschrift der Gliederung demjenigen im Fließtext Ihrer Arbeit entspricht.
- *falsche Nummerierung:* Dies passiert meist, wenn man im Entwurf einen Unterpunkt hatte, den man in der ausformulierten Arbeit weggelassen hat und dann vergisst, die Nummerierung den neuen Gegebenheiten anzupassen.

b) Fehler in den Fußnoten

- *kein Unterscheiden von wörtlichen und sinngemäßen Übernahmen:* Oft wird vergessen, bei nicht wörtlichen Adaptionen ein „Vgl." voranzusetzen.
- *Groß- und Kleinschreibung von „Ebd." bei Verwendung mit und ohne „Vgl.":* Wenn Sie etwas sinngemäß übernehmen und vor „ebd." ein „Vgl." setzen müssen, so denken Sie daran, „ebd." in diesem Fall kleinzuschreiben. Dieser Fehler tritt v.a. bei der Nutzung von Autokorrekturprogrammen auf, die nach einem gesetzten Punkt automatisch das folgende Wort großschreiben. Daher sollten Sie jede Zeile diesbezüglich auf Fehler überprüfen.
- *falsches Setzen von Punkten:* In den Fußnoten wird nur ein Punkt als Schlusszeichen gesetzt, wenn Sie einen Satz formulieren. Ansonsten sollte – v.a. hinter Literaturverweisen – kein Punkt hinter z. B. eine Seitenzahl gesetzt werden.
- *keine Verwendung von Kurztiteln:* Wenn Sie aus einem Werk bereits zum zweiten Mal etwas übernehmen, so sollte ab dem zweiten Mal nur noch ein Kurztitel verwendet werden. Dies dient in erster Linie der Platzersparnis.
- *falsche Verwendung von „Ebd.":* Bei der Verwendung von „Ebd." mit derselben Seitenzahl wie in der vorigen Fußnote muss auf eine erneute Nennung derselben Seitenzahl verzichtet werden (also statt [1]Ebd., S. 10 und [2]Ebd., S. 10 genügt ein [2]Ebd.).
- *kein Unterstreichen des Autorennamens*

c) Fehler im Vorwort

- *Risiko der Belanglosigkeit:* Denken Sie daran, dass es der Hauptzweck des Vorwortes ist, auf Ihre Arbeit neugierig zu machen und zum Hauptteil der Arbeit hinzuführen. Oft geraten hier Schülerinnen und Schüler in Versuchung, zusammenhanglos und ohne erkennbares Ziel vor sich „hinzupalavern".
- *Vorwegnahme von Argumenten:* Argumente oder für den Hauptteil bzw. die Beantwortung der Themafrage relevante Inhalte gehören nicht in das Vorwort.

d) Fehler im Hauptteil

- *keine Verwendung von Blocksatz:* Überprüfen Sie jede Seite auf den Satzspiegel; oftmals wird auch auf einzelnen Seiten der Blocksatz vergessen.
- *Sauberkeit des Schriftbildes:* Drucken Sie Ihre Arbeit so rechtzeitig aus, dass Sie für den Fall, dass Ihr Drucker das Papier verschmiert, auf eine Alternative zurückgreifen können.
- *Layout-Mängel:* Um den Gesamtumfang zu verschleiern oder die Anzahl benötigter Seiten zu schönen, werden oft überdimensionierte Leerzeilen zwischen einzelnen Unterkapiteln eingefügt.
- *sprachliche und stilistische Mängel:* Da man nach einer intensiven Beschäftigung mit einem Thema im Rahmen der Seminararbeit blind für eigene Fehler werden kann, empfiehlt es sich, die Arbeit von so vielen Menschen wie möglich Korrektur lesen zu lassen. Die meisten sprachlichen und stilistischen Fehler lassen sich so vermeiden.
- *mangelhafte Kohärenz:* Überprüfen Sie Ihre Arbeit unbedingt auf den Textzusammenhang. Oftmals besteht zwischen einzelnen Absätzen oder auch Aussagen kein innerer Zusammenhang (Gedankensprünge).
- *Verwendung zu vieler und zu langer wörtlicher Zitate:* Bedenken Sie, dass der Korrektor Ihre Leistung bewerten muss. Wenn sich diese Leistung nur auf das Zusammenfügen von verwertbaren direkten Zitaten aus der Sekundärliteratur bzw. Internetquellen beschränkt („copy and paste"), so wird dies entsprechend sanktioniert.

e) Fehler im Anhang

- *Verwenden belangloser Inhalte:* Achten Sie darauf, nur Material im Anhang zu verwenden, das dem Erkenntnisgewinn hinsichtlich Ihres Themas dient. Rein illustrierendes Material sollte vermieden werden.
- *Herkunftsnachweis:* Vergessen Sie nicht, die Herkunft des im Anhang verwendeten Materials (z. B. mit Fußnote oder direkt darunter) anzugeben.

f) Fehler im Literaturverzeichnis

- *Anführen von Literatur, die laut Überprüfung der Fußnoten nicht verwendet wurde:* Zur grundlegenden Arbeit des Korrektors gehört die Überprüfung Ihres Literaturverzeichnisses: Auf hier angeführte Werke, auf deren Verwendung in den Fußnoten des Fließtextes aber gar nicht hingewiesen wurde, erfolgen Punktabzüge in der formalen Bewertung.
- *Internetlastigkeit:* Auch wenn die Verwendung von Internetquellen Ihrer Bequemlichkeit entgegen kommt, sollten Verweise auf URLs in einer wissenschaftlichen Arbeit nicht dominieren. Achten Sie also auf ein ausgewogenes Verhältnis zwischen Primär- bzw. Sekundärliteratur einerseits und Internetquellen andererseits.
- *Vollständigkeit der Angaben:* Zuerst überprüfen Sie das Impressum (meist auf Seite 3) eines Werkes auf die geforderten bibliografischen Angaben. Wenn hier z. B. zum Erscheinungsort nichts steht, geben viele im Literaturverzeichnis aus Bequemlichkeit ein o. O. (für „ohne Ort") an. Bevor Sie zu diesem „letzten Mittel" greifen, sollten Sie über Online-Anbieter das betreffende Buch überprüfen: Wenn hier der Erscheinungsort nicht angegeben ist, so findet sich doch meist der herausgebende Verlag, dessen Standort Sie im Normalfall mit jeder Suchmaschine recherchieren können.
- *Missachtung der alphabetischen Reihenfolge*
- *keine Trennung in Primär- und Sekundärliteratur*

5. Präsentation der Fach-/Seminararbeit

5.1 Einen Vortrag halten

Bei einem Vortrag geht es darum, das Publikum zu überzeugen. Sie haben ein Produkt, Ihre Fach- oder Seminararbeit. Durch die wissenschaftliche Auseinandersetzung mit Ihrem Thema sind Sie kompetent und ein Experte auf Ihrem Gebiet geworden. Nun gilt es, im Rahmen der Abschlusspräsentation Ihre Ideen und Argumente schlüssig darzustellen. Für den Diskurs mit den Bausteinen Ihrer Präsentation benötigen Sie eine passende „Verpackung"; zugleich soll Ihr wissenschaftliches Arbeiten, bei dem Sie meist mit sich selbst beschäftigt waren, nun aufgelockert werden – eine neue Herausforderung für Sie!

Tipps für die Struktur Ihres Vortrags

1. *Einleitung:* Stellen Sie am Anfang das Thema Ihres Referats vor. Dies sollte möglichst spannend mit einigen Sätzen erfolgen, denn gerade der Beginn ist entscheidend für den Eindruck der Zuhörer. Steigen Sie also mit einer Anekdote, einem Zitat oder allgemein mit einem inhaltlichen Punkt aus der Lebenswirklichkeit des Publikums ein; kündigen Sie Ihr Vortragsziel an (Relevanz des Themas; Fragestellung).
2. *Hauptteil:* Er kann einem chronologischen Muster folgen (z. B. früher/heute/morgen) oder nach einzelnen Argumenten gegliedert sein. Begründen Sie dabei deren Anordnung, und vermeiden Sie auf jeden Fall eine langweilige Faktenansammlung. Es ist durchaus sinnvoll, zu Beginn des Hauptteils eine kurze Übersicht über das Gesamtreferat zu geben. Die Übersicht, die Sie z. B. mithilfe einer → **PowerPoint-Präsentation** erstellen können, soll der „rote Faden" des Vortrags sein. Nehmen Sie im Folgenden immer wieder darauf Bezug.
3. *Schluss:* Kündigen Sie das Ende Ihrer Rede an, denn entscheidend sind der erste und letzte Eindruck des Vortrags. Vermeiden Sie einen Verlegenheitsschluss – studieren Sie Ihren letzten Satz also schon vorher ein. Sie können am Schluss Ihre wichtigsten Inhaltspunkte – quasi als Merkhilfe für Ihre Mitschüler – noch einmal zusammenfassen oder Thesen für eine anschließende Diskussion formulieren. Seien Sie stets auch auf kritische Fragen gefasst!

Wenn Sie Ihren Vortrag inhaltlich und medial vorbereitet haben, sollten Sie ihn unbedingt mehrfach proben – zunächst eventuell alleine (vor dem Spiegel), dann aber auch vor Eltern oder Geschwistern. Diese werden Sie vielleicht auf inhaltliche Schwierigkeiten aufmerksam machen, die Ihnen – als Experten – noch gar nicht aufgefallen sind. Schließlich wächst mit jeder Probe auch die Sicherheit, und Sie entwickeln ein besseres Zeitgefühl. Bitten Sie Ihre Zuhörer, bei Ihrem Probevortrag auf folgende Punkte besonders zu achten und Ihnen eine *ehrliche* Rückmeldung zu geben:

Du hast …	**sehr gut**	**gut**	**verbesserungsfähig**
… laut, deutlich und nicht zu schnell gesprochen.			
… Blickkontakt gehalten.			
… frei vorgetragen.			
… den Umgang mit der Technik beherrscht.			
… die Vortragszeit eingehalten.			

Bei einem Vortrag dürfen Sie Ihr Publikum nicht überfordern. Klären Sie mit dem Kursleiter/der Kursleiterin daher die genaue Vortragsdauer ab und begrenzen Sie den Umfang Ihrer Rede dann auf diese Zeit. Beim Vortrag selbst ist das oberste Ziel simpel: Das Publikum soll Ihnen zuhören, nicht schwätzen und sich nicht langweilen.

Tipps für eine gute Rhetorik

- *Kurze Sätze!* Unterscheiden Sie die mündliche Sprache deutlich von der schriftlichen. Statt langen Schachtelsätzen sollten Sie kurze, verständliche und damit einprägsame Sätze formulieren.
- *Sparen Sie mit Fremdwörtern!* Sprechen Sie eine einfache Sprache. Fremdwörter sollten nur dann vorkommen, wenn sie für die Arbeit bedeutsam sind und ausführlich erklärt werden.
- *Keine Floskeln!* Folgende Überleitungen können Sie sich getrost sparen: „Eigentlich ist schon alles gesagt, aber …"; „Bevor ich zum Ende komme, gehe ich noch auf folgende Punkte ein: …"; „Mir war es leider nicht möglich, …"; „Ich kann Ihnen/Euch einige trockene Fakten bedauerlicherweise nicht ersparen."; „Wir müssten eigentlich daran interessiert sein, dass …".
- *Seien Sie selbstsicher!* Vermeiden Sie daher verbale Verlegenheit und unschöne „Platzhalter" wie „ähm", „nun ja", „also", „halt" etc.

Gestik und Stand beim Vortrag: Ein Redner überzeugt nicht nur durch die Schlüssigkeit seiner Argumentation und die Qualität seiner Rhetorik. Noch bevor das erste Wort gesprochen wurde, überzeugt der Redner vor allem durch sein Auftreten. Zwei Grundsätze sollten Sie beachten:

- Stehen Sie fest und sicher während des gesamten Vortrags! Stützen Sie sich nicht auf das Pult oder lehnen sich gar an die Wand!
- Zappeln Sie nicht; wildes Gestikulieren oder permanentes „Umherwandern" vor dem Auditorium sollten Sie vermeiden.

Stichwortkonzept: Idealerweise halten Sie Ihre Rede völlig frei. Keinesfalls sollten Sie DIN-A4-Papier als Stichwortzettel verwenden, vor allem, um eventueller Redeangst vorzubeugen. Echte und zugleich unauffällige Hilfe bieten z. B. *Karteikarten* (im A5- oder A6-Format), die Sie nur auf einer Seite, mit wenig Text und in großer Schrift (Druckbuchstaben) beschriften sollten. Die Karteikarten ersparen Ihnen nicht nur ein Vortragsmanuskript, sondern sind viel übersichtlicher und lassen sich außerdem praktisch durchnummerieren. Aufgrund der großen Bedeutung des Schlussgedankens können Sie für Ihre letzte Karte eine andere Farbe wählen.

Thesenpapier: Die Verwendung eines *Thesenpapiers* oder *Handouts* kann sinnvoll sein. Es gibt dem Zuhörer eine Stütze, um dem Vortrag besser folgen zu können. Es kann auch Anregungen und Anstöße zur Diskussion über das Referat enthalten. Entscheidend ist aber der mündliche Vortrag. Daher ist es sicher sinnvoll, das Thesenpapier erst nach dem Vortrag zu verteilen. Zwei Faktoren sind für die Form eines Thesenpapiers zentral: Einheitlichkeit (insbesondere der Gliederungsebenen) und Logik (Reihenfolge der Gliederungspunkte; Gesamtkonzept).

Pannen „meistern": In jedem Vortrag können kleinere Pannen auftreten. Wenn das passende Wort fehlt, können Sie sich mit Formulierungen wie „mir fehlt der treffende Begriff" Hilfe beim Publikum holen. Wenn Sie sich im Satz einmal versprechen, sollten Sie einfach weiterreden. Auf keinen Fall sollten Sie einen Versprecher hektisch korrigieren. Sympathisch ist ein kleines Schmunzeln. Gerade wenn Sie frei sprechen, verzeiht Ihnen Ihr Publikum kleinere Pannen mit der augenzwinkernden Einsicht in die Unwägbarkeiten, denen man als Vortragender ausgesetzt ist.

5.2 Visualisieren

Visuelle Hilfsmittel können Ihren Vortrag bereichern. Eine gelungene Visualisierung verdeutlicht wesentliche Aussagen, dient Ihrem Publikum als Orientierungshilfe und trägt dazu bei, die dargebotenen Informationen besser verarbeiten und erinnern zu können. Sie machen mit einer guten Visualisierung einen besseren Gesamteindruck, zumal, wenn der Inhalt Ihrer Aussagen stimmt. In der Praxis stehen Ihnen Tafelbild, Flipchart, Overhead-Projektor, Pinnwand oder ein Beamer für PowerPoint-Präsentationen zur Verfügung. Für den sachgemäßen Einsatz des richtigen Mediums sollten Sie dessen Eigenschaften kennen. Beachten Sie dabei den Grundsatz: Nicht das Medium, sondern Sie selbst stehen mit Ihrer Rhetorik im Mittelpunkt.

Tipps zum Umgang mit PowerPoint-Präsentationen
Bei einer PowerPoint-Präsentation arbeiten Sie mit einem Beamer, der die auf dem PC oder Notebook gespeicherten Daten direkt auf eine Leinwand projiziert.

- Die technischen Finessen machen dem Referenten nicht selten einen „Strich durch die Rechnung"; es ist daher ganz wichtig, dass Sie vor Ihrer Präsentation den Beamer, Ihren Computer, die Kabellage und die Software auf Funktionsfähigkeit hin überprüfen; halten Sie einen „Plan B" bereit, für den Fall, dass „PowerPoint" just in Ihrer Präsentation nicht funktionieren sollte.
- Speichern Sie zur Sicherheit Ihre Präsentation auf zwei verschiedenen Sticks, falls der PC einen Stick nicht erkennt.
- Vermeiden Sie komplizierte Tabellen oder klein geschriebenen, schwer lesbaren Text.
- Vermeiden Sie das schnelle Springen von Folie zu Folie (sonst überfordern Sie Ihr Publikum!).
- Halten Sie Blickkontakt zum Publikum; sprechen Sie nicht zu Computer oder Leinwand.
- Erliegen Sie nicht der Versuchung, zu viele „Show-Elemente" und Spezialeffekte einzubauen.
- Ganz wichtig: Stimmen Sie die Reihenfolge der Folien mit Ihrem Vortragskonzept ab und begrenzen Sie die Visualisierung auf Ihre Kernbotschaften!
- Die Informationen auf einer Folie sollten auf einen Blick erfasst werden können.
- Bei Textfolien sollten nicht mehr als 10 Wörter in einer Zeile stehen.
- Halten Sie einen breiten Rand an allen Seiten ein und lassen Sie genügend Abstand zwischen den Zeilen.
- Es sollten keinesfalls mehr als 60 Prozent jeder einzelnen Folie beschriftet werden.
- Textinformationen sollten gut gegliedert sein, durch Spiegelstriche, Punkte oder Pfeile.
- Die richtige Wahl für die Schriftgröße ist 20 + (24 Punkt für den laufenden Text; 24 Punkt fett für Hervorhebungen; 28 Punkt fett für Zwischenüberschriften; 32 Punkt fett für Hauptüberschriften; 20 Punkt für Bildunterschriften).
- Gestalten Sie die Folien nicht zu farbenfroh, da bunte Folien vom Wesentlichen ablenken.
- Setzen Sie Farben nur zu speziellen Zwecken ein, z. B. für Hervorhebungen, Unterscheidungen oder Ihre Gliederung.
- Sollte sich der Raum, in dem Sie sprechen, nicht ausreichend abdunkeln lassen, so empfiehlt es sich, den Folienhintergrund eher dunkel und die Schrift hell zu halten.

Hier ein Beispiel für eine gelungene PowerPoint-Folie aus einer Präsentation im Fach Sozialkunde:

Der Bundestag
- erste Kammer des Parlaments
- vom Volk direkt gewählt
- Wahl der Mitglieder (Art. 38 GG)
  - allgemein
  - unmittelbar
  - frei
  - gleich
  - geheim

- Mitglieder auf vier Jahre gewählt

Die korrekte Gestaltung einer übersichtlichen und aussagekräftigen PowerPoint-Folie will gelernt sein. Nachstehend ein Beispiel für eine überaus schlecht konzipierte Folie aus einer Präsentation im Fach Sozialkunde:

Register

Bildquellen

|Alamy Stock Photo (RMB), Abingdon/Oxfordshire: Dieterich, Werner 19.1; imagegallery2 33.1. |Domke, Franz-Josef, Hannover: 31.1, 31.2, 31.3. |iStockphoto.com, Calgary: vgajic 50.1. |Langner & Partner Werbeagentur GmbH, Hemmingen: 5.1, 7.1, 32.1, 55.1, 55.2. |Picture-Alliance GmbH, Frankfurt/M.: 33.3; dpa/Athenstädt, Martin 33.2; dpa/Hollemann, Holger 19.2; dpa/Thissen, Bernd 23.1; EB-Stock 10.1; Mary Evans Picture Library 29.1; ZUMAPRESS.com/Ellis, Richard 36.1. |Raps, C., Tann: 54.1. |Stiftung Jugend forscht e. V., Hamburg: 39.1. |stock.adobe.com, Dublin: Alliance Titel; cegli 4.1; dusanpetkovic1 21.1; niakc10 63.2, 63.5; pitsch22 62.1, 63.1; Scanrail 18.1; WavebreakMediaMicro 18.2; Wiederoder, Ingo 63.4; Yang, Stefan 63.3. |vario images, Bonn: euroluftbild.de/Geiss, Michael C. 22.1.